Contes et légendes
du Val-d'Oise

Du même auteur

Le Ventre chaud du poisson vert, Editions du Valhermeil, 2000.
(Le « poisson vert », c'est le Val-d'Oise ; son « ventre chaud », c'est la ville nouvelle de Cergy-Pontoise. Ce livre constitue une randonnée romanesque à travers toutes les communes du département.)

Dessin de couverture et illustrations de Denis Baudrimont.

Contentes et légendes

du **Val-d'Oise**

Philippe Cerchiari

Illustrations Denis Baudrimont

ALAN
SUTTON

Editions Alan Sutton
8, rue du Docteur Ramon
BP 90600
37542 Saint-Cyr-sur-Loire Cedex

Première édition février 2007

ISBN 978-2-84910-567-2
ISSN 1637-7796
Dépôt légal : février 2007
Imprimé en Grande-Bretagne par Oaklands Book Services Limited, Gloucestershire

Sommaire

Pour Manon

Au lecteur

« Es-tu sûr que cette légende soit la vraie ? »
Charles Baudelaire

Quelques passeurs de mémoire, comme Claude Seignolle, ont tenu à transcrire, avant qu'ils ne s'effacent irrémédiablement de la mémoire collective des Franciliens, des éléments du folklore de notre région ; mais, à ma connaissance, aucun conte n'évoque explicitement le Val-d'Oise. Il nous reste bien quelques mythes - c'est-à-dire, étymologiquement, ce qui se transmet par la parole - et quelques légendes - du latin *legenda*, désignant ce qui doit être lu - mais, trop souvent, de ces récits d'un autre temps n'ont survécu que d'étranges toponymes dont l'origine nous échappe. Il ne reste plus alors au conteur d'aujourd'hui qu'à faire du neuf avec du vieux, qu'à redonner vie à ce qui semblait oublié, à écrire dans les « blancs » de l'histoire - de la petite histoire de notre département, s'entend - dans cette histoire teintée de légende que Jean Aubert a si bien fait revivre dans ses *Evénements mémorables du Val-d'Oise*.

Contrairement à l'historien, le conteur se passe le plus souvent du consentement de l'histoire qui finit pourtant, parfois, par reconnaître les enfants qu'il lui a faits… Si, par « légende », on désigne un récit populaire traditionnel, plus ou moins fabuleux, qui a souvent un fondement historique, alors, ami lecteur, ce sont bien des légendes que tu vas lire maintenant. Mais si l'on veut bien admettre que le conte narre, quant à lui, des aventures imaginaires destinées à amuser (ou à instruire en amusant), que ledit conte est court et que la fantaisie de l'auteur s'y déploie librement, il n'est pas impossible que les histoires que tu vas lire soient aussi des contes. Enfin tu verras bien. Laisse-toi faire, abandonne-toi : si tu as fait le tour du Val-d'Oise d'aujourd'hui, c'est à une remontée dans son passé légendaire que je t'invite maintenant !

Les Pierres-qui-tournent

Au solstice d'hiver, hommes et bêtes doivent affronter la nuit la plus longue de l'année. C'est le moment où, même si, forcément, cela les pique un peu, les hérissons se serrent les uns contre les autres, tandis que les écureuils font de leurs panaches des châles de grands-mères et que les sangliers grognons enfouissent leurs groins humides dans leurs longues soies de porcs des bois. Or, au temps où les animaux parlaient encore - entre eux ou avec les gens, de tout et de rien, comme nous - c'est précisément au solstice d'hiver que, dans quatre villages du Vexin, on pouvait assister - à la même heure et avec un ensemble digne d'un corps d'élite - à un étrange phénomène. Quelques jours avant Noël, en effet, les bons gros menhirs frigorifiés de ces communes avaient pris l'habitude de pivoter un petit coup, sans doute pour se dégourdir les soubassements ou commémorer Dieu sait quoi.

A cette époque, c'est-à-dire celle où chaque enfant osait encore mener sa vie comme une grande aventure, les pierres sacrées de Parmain, Chars, Guiry-en-Vexin ou Saint-Clair-sur-Epte étaient moins isolées qu'elles ne le sont aujourd'hui. Elles formaient en effet de grands cercles ou vivaient alignées, sans pour cela tourner en rond ou marcher au pas… Les pierres ne parlaient plus depuis longtemps, mais elles aimaient encore la compagnie, comme nous autres, malgré nos grands airs. Dans le Val-d'Oise du IIIe millénaire, il ne reste plus que six menhirs et quinze dolmens, mais il fut un temps où les druides menaient rondement la danse autour des pierres levées. Des jeunes filles parées de couronnes de marguerites et des lapins facétieux célébraient le retour de la belle saison, tandis que les chevreuils racontaient aux petits d'hommes leurs premiers pas tremblants d'hôtes graciles de nos bois. Ce n'était pas l'âge d'or, mais on vivait en bonne intelligence et les conflits se réglaient dans un éclat de rire. Entre l'Epte et l'Oise, on n'enviait personne et on se laissait vivre, au temps où les pierres tournaient encore. Chacun savait que le temps nous est compté et que le bonheur des uns fait rarement le malheur des autres.

En ce temps-là, à l'entrée de Chars, sur la route qui menait et mène encore de Pontoise à Gisors, vivait un drôle de petit bonhomme qui ne devait pas avoir beaucoup plus de 11 ans, mais que la vie avait tout récemment sommé de mûrir : il n'avait pas de père et sa mère venait de mourir d'une de ces fièvres dont les pauvres gens d'alors étaient souvent victimes, faute de soins. La Mort ne faisait qu'une bouchée des miséreux. Et puis elle en avait assez des vieilles personnes au corps trop sec ; il lui fallait des jeunes à cette gourmande ! La mère du petit allait avoir 30 ans : pour la Camarde, ce fut une vraie friandise !

Depuis ce triste jour, l'orphelin habitait seul la maison de pierres sèches où, par un soir d'été, un beau soldat en maraude avait promis monts et merveilles à sa trop jeune maman. Le séducteur n'avait fait que passer, mais il lui avait laissé, en souvenir, cet enfant qui, faute de trouver son bonheur dans la réalité, vivait de rêves et de projets un peu fous. Il faisait tellement froid, en cette fin d'automne, qu'il lui fallait passer les meilleures heures de chaque jour à ramasser du bois sec. Il lui restait quelques panais, un boisseau de blé noir et une huche pleine de châtaignes : il pouvait tenir encore quelques semaines, tant il avait l'habitude des repas sommaires et des matins glacés.

Et voici que le 21 décembre, à midi, l'enfant posa son fagot près des Pierres-qui-tournent, un groupe de menhirs fichés là, Dieu sait pourquoi, par des hommes d'il y a 5 000 ans, des pierres que le folklore local avait fini par réduire à de vulgaires tourniquets de grès. Ces quelques pierres levées étaient certes moins impressionnantes que les mégalithes alignés de Carnac, mais on sentait près d'elles comme des présences... Etienne - c'est ainsi, en effet, que s'appelait l'orphelin de Chars - n'avait jamais été effrayé par ces géants de pierre qu'il prenait pour de gros ours protecteurs dont il aimait les rondeurs. Ceux qui parlent de la froideur des minéraux n'ont jamais dû prendre dans leurs bras un bon gros menhir chauffé par le soleil ! Etienne, lui, ne s'en privait pas, et il ne se sentait vraiment en sécurité que lorsqu'il se pelotonnait contre les mousses et les lichens bien secs de ces géantes qu'il aimait. Quand il pleurait contre leurs gros corps de pierre, les menhirs émettaient, pour lui seul, des ondes de douceur qui finissaient par l'entourer d'une aura de tendresse. Ces pierres-là lui faisaient tant de bien qu'il en avait assez qu'on les prenne pour des derviches tourneurs azimutés ou des toupies déjantées ! Le soir même, il en aurait le cœur net ! Il lui restait un peu de bois sec et, puisqu'il avait trouvé un panier de prunelles, il y aurait même du dessert sur sa table de pauvre ! On disait, au village, que les pierres ne tournaient qu'une fois l'an, à minuit, le soir du solstice, pour célébrer l'entrée des Vexinois dans l'hiver et son froid minéral. On disait n'importe quoi, de toute évidence ! L'enfant savait bien, lui, que si ses amies les pierres avaient l'art de le consoler, elles n'étaient tout de même pas capables de se déplacer, même un peu, même d'un quart de tour, rien que pour fêter l'arrivée de l'hiver ou célébrer le jour le plus court de l'année. D'autant que cela devait leur faire une belle jambe à ces culs-de-jatte de menhirs que les jours soient longs ou courts et que l'automne laisse la place à l'hiver !

Oui, mais bon ! aucun enfant ne résiste bien longtemps aux séductions du surnaturel, quand il s'en vient frapper tout doucement aux portes entrouvertes de sa machine à rêves. Invraisemblable ou pas, cette légende des Pierres-qui-tournent devait bien avoir germé sur un petit fond de vérité ; et puis cela ne lui coûterait que quelques heures de sommeil d'aller vérifier si ses amies les pierres avaient ou non la bougeotte. Il rentra chez lui et mangea une vingtaine de châtaignes cuites à l'eau et une poignée de prunelles acides, avant de s'installer près du feu pour attendre minuit. En fait, il n'eut pas cette patience, si bien que, dès 11 heures, il alla se poster sous un chêne, derrière un muret effondré d'où l'on voyait se profiler deux belles pierres levées sur le disque parfait de la lune. Emmitouflé comme un blaireau qui hiberne, il ne lui restait plus qu'à se tenir coi et immobile, même si c'est dur à cet âge. Et puis qui veut la fin veut les moyens, n'est-ce pas ?

Vers 11 h 30, un vent froid venu de Picardie lui piqua le visage au point de lui arracher de grosses larmes, tandis qu'une délégation d'oiseaux de nuit, conduite par une petite chouette chevêche un peu revêche et un hibou moyen duc carrément affamé, se mit à faire clignoter une bonne demi-douzaine de paires d'yeux, d'un beau jaune orangé, aux quatre coins de la vénérable clairière. A l'époque, les paysans superstitieux clouaient encore des chouettes sur les portes des granges, soi-disant pour conjurer le mauvais sort, et l'enfant croyait, comme tout le monde, que ces rapaces nocturnes étaient des messagers du diable. « *Kiou, kiou* », criaient les chevêches, et l'enfant entendait : « *Qui ? Où ?* ». « *Hou… hou, houououou* », leur répondaient aussitôt les hulottes en jouant les revenants. Cela finit par faire trop de « qui ? » et de « où ? » menaçants pour notre petit homme qui se sentit soudain épié, cerné et, pour tout dire, en danger, lorsqu'une « Dame blanche » - entendez une chouette effraie - vint apporter son concours à ces chats-huants de chouettes hulottes, en expirant un chuintement à glacer le sang du plus aguerri des aventuriers. Etienne se mit à trembler. De froid, de peur, de solitude. Il avait beau se répéter que ces oiseaux n'en veulent qu'aux campagnols et autres rats des champs, il n'en menait pas large, seul dans la campagne, un peu avant minuit, en cette première nuit d'hiver, à guetter le prodige…

Pour ne rien arranger, un sanglier hirsute, virilement pourvu de défenses impressionnantes, vint soudain s'interposer entre ses amies les pierres et son poste d'observation. Etienne eut l'impression que le vieux mâle solitaire l'avait flairé et mis à son menu, au même titre que les vers de terre et autres racines immondes dont il se remplissait bruyamment la panse, à quelques pas du guetteur de miracle. Cette nuit de solstice n'était décidément pas tendre avec notre petit homme qui se languissait de son alcôve tiède ; alors, au moment où un nuage dodu occulta brusquement l'orbe rassurant de la lune, il ne put retenir ses larmes. Au même instant, comme par enchantement et, en tout cas, avec un bel ensemble, les oiseaux de nuit se turent, le sanglier s'éloigna, un silence impressionnant recouvrit la clairière et l'enfant s'endormit.

Un craquement sinistre le réveilla, mais comme les douze coups de minuit se mirent alors à sonner au clocher de l'église Saint-Sulpice, notre petit bonhomme fut bien en peine d'identifier la provenance de cet étrange bruit. Cela ressemblait au grincement des branches tourmentées par la bise, mais en tellement plus plaintif que cela ne pouvait pas venir des frondaisons. Ce devait être ses amies qui tournaient… Il se mit à sourire en pensant à leurs gros ventres moussus de pierres séculaires, et cette idée rassurante lui donna le courage de sortir de sa cachette et de venir se poster à trois pas de sa pierre préférée, celle qu'il s'était un jour surpris à appeler « maman », après avoir pleuré contre les lichens gélatineux qui garnissaient son épaule de grès. L'énorme pierre ne tenait plus en place. Pour un peu, elle aurait quitté son vieux logement de terre meuble et serait partie avec son protégé à la recherche de son père, cet homme au cœur de pierre qui semait des enfants aux quatre coins du pays !

Le vieux menhir dut même parler à l'enfant; mais, comme chacun le sait, il faut une oreille sacrément aiguisée pour entendre les stridences minérales, et l'enfant avait déjà tant de mal avec sa langue maternelle qu'il ne comprit que très partiellement le mot doux du caillou au cœur tendre. Un hibou, un caillou... il ne manquait plus à son bonheur qu'une paire de genoux accueillants sur lesquels se blottir, un bijou de deux sous à embrasser sur une poitrine aimée, un chou farci à engloutir à deux et, parce que les enfants sont comme ça, un joujou à caresser et un pou à écraser! Jamais sa mère ne lui avait manqué à ce point, jamais il n'en avait autant voulu à son coureur de père, jamais il ne s'était senti aussi seul... Mais le prodige avait eu lieu, et il en avait sans doute été l'unique témoin. La pierre maternelle n'avait fait que pivoter, mais un rayon de lune éclairait désormais suffisamment la base du volumineux menhir pour rendre visibles les menues traces du miracle : quelques herbes foulées, un peu de terre remuée, rien de plus. La pierre levée regardait maintenant vers le sud et pouvait affronter un hiver à pierre fendre... Il suffisait, pour le comprendre, de savoir distinguer la nuque de la face chez les pierres. Pour cela, il ne fallait qu'un peu d'amour, mais tout le monde en inspire sauf les rochers, allez savoir pourquoi!

L'enfant quitta la clairière et rentra chez lui. Le feu était mort et il faisait, dans sa masure, un froid de loup; mais il lui restait un fagot, trois grosses bûches et un très beau souvenir, alors il fut vite réchauffé. Assis devant l'âtre, il avait maintenant le sourire en repensant à son amie la pierre sacrée. Il irait la voir avant midi, il lui ferait ses habituelles confidences et lui raconterait la légende des Pierres-qui-tournent ; elle se découvrirait des dons d'actrice, elle ferait la coquette et il lui dirait des mots doux. Etienne se réjouissait d'avoir fait d'une pierre deux coups : du mystère des menhirs animés, il avait maintenant le cœur net et, par-dessus le marché, il disposait désormais d'une mère de pierre au cœur tendre pour l'aider à supporter la disparition de sa maman de chair. D'un amas de grès, il avait fait une pierre précieuse : il se sentait plus riche, moins seul, plus heureux pour tout dire. Bientôt, il serait un homme, la vie avait repris le dessus...

Soudain, un craquement interrompit ses réflexions. Une poutre devait travailler ou alors le vent se levait. La maison était vieille et le temps incertain, il ne fallait pas s'inquiéter : ce fut donc sans la moindre crainte que l'enfant s'approcha de la cheminée, intrigué par le fait qu'une dalle semblait avoir bougé dans l'âtre. Oui, décidément, elle ne tenait plus en place ! Elle se souleva encore un peu, comme pour se débarrasser de la cendre qui la recouvrait. Elle devait avoir été taillée dans un vieux menhir, mais, sans le secours de la lune et des étoiles, elle avait dû se tromper d'heure : c'était une pierre d'intérieur, il fallait lui pardonner son retard ; et ce fut d'ailleurs ce que fit bien volontiers le petit Etienne lorsque, la dalle ayant enfin complètement basculé au fond d'une sorte de niche creusée à même la terre battue, il s'aperçut que la cachette contenait autre chose qu'un fort peu ragoûtant mélange de coulées de soupes et de cendres d'antan…

Cela n'arrive d'habitude qu'aux risque-tout et aux casse-cou, mais, cette fois, la Vie avait, de toute évidence, voulu récompenser l'orphelin de son amour pour ce monde ignoré et taxé de froideur qu'est le règne minéral, et faire de lui l'un des très rares élus de son cœur lunatique. Dans la niche creusée par l'ancien propriétaire de la maison - dont on disait qu'il s'était mystérieusement volatilisé quelques jours après avoir détruit, à la masse et avec un acharnement diabolique, les trois menhirs qui, à l'en croire, encombraient son meilleur champ - dans cette cachette que le vieux grigou avait cru inviolable, l'enfant que les pierres faisaient fondre venait de trouver, à la lumière d'un froid rayon de lune, un lourd coffret de fer rempli de pièces d'or et de gobelets d'argent dont l'accumulation avait dû représenter l'unique préoccupation d'un paysan mort avant son heure pour s'être cru supérieur aux autres hommes et, à plus forte raison, aux plantes, aux bêtes et aux pierres.

Etienne ne devint pas un homme riche, il devint mieux que cela : un homme bon et ouvert, respectueux de la nature et de ses congénères. Des années qu'il passa à tracer son sillon aux confins du Vexin, il ne reste aujourd'hui qu'un bel exemple à suivre, s'il vous plaît d'imaginer ce que l'or et l'argent ont changé dans sa vie… Tout ce que je peux vous dire, c'est que, sa vie durant, il n'a prélevé à son environnement que les fruits de la terre dont sa famille avait vraiment besoin pour vivre, qu'il n'a accumulé que d'éphémères instants de bonheur et qu'il n'a pas perdu une seule minute de sa belle et longue vie à conquérir le titre d'homme le plus riche du cimetière de Chars…

Terre, sois-lui légère, il a si peu pesé sur toi ! Et vous, pierres d'antan, tournez encore longtemps pour les enfants qui cherchent de l'or au pied des arcs-en-ciel et, plus généralement, pour tous ceux qui prennent tout au pied de la lettre, au point de vous guetter au solstice.

Ah ! au fait : ne cherchez pas les Pierres-qui-tournent. Ces menhirs étaient encore visibles à l'ouest de la commune de Chars, sur la gauche de la route qui mène à Magny, près de la ferme du Bois-Franc dominant la vallée de la Viosne, mais ils ont été détruits vers 1800. L'un d'entre eux, celui qu'Etienne aimait comme une mère, était grand comme une femme…

La Pierre-Tournaise de Parmain a, elle aussi, disparu. De ces vieilles pierres, détruites pour bâtir des maisons, elles-mêmes en ruine désormais, seuls quelques livres poussiéreux gardent aujourd'hui le souvenir. Et même s'ils n'ont plus d'orphelins à consoler, ces fantômes de pierre peuvent encore faire rêver les amateurs de contes. La poussière est féconde quand elle transforme en mots le passé des plus humbles…

Les Palets de Gargantua

Un palet n'est pas la vaste et somptueuse demeure d'un roi, même les nuls en orthographe savent cela. Non, un palet ce n'est qu'une simple pierre plate avec laquelle des enfants d'un autre temps devaient viser un but. Un but ? Oui, mais lequel ? Le leur, tout le monde l'a oublié, mais nous - vous qui m'écoutez et moi qui vous parle - nous allons maintenant en viser un tout simple, en essayant de comprendre pourquoi on affirme, preuves minérales à l'appui, que Gargantua est venu jouer au palet à Cergy, Guiry et Parmain.

Pour ce faire, il nous faut commencer par le commencement, en remontant le cours des ans jusqu'à la Renaissance. En effet, Gargantua est un personnage entré dans notre imaginaire en 1534 grâce à Rabelais qui, dans le chapitre intitulé « Les jeux de Gargantua », nous apprend que le jeune géant jouait au palet, mais aussi au « pied du couteau », un jeu consistant à jeter un palet le plus près possible d'un couteau piqué en terre. Le jeune géant s'adonnait, par ailleurs, à plus de deux cents autres jeux, avant d'aller dormir *« sans débrider jusqu'au lendemain 8 heures ».*

Donc Gargantua est un personnage imaginé, il y a presque cinq cents ans, par un moine-médecin que la plume démangeait. L'ennui, c'est que les pierres levées de Parmain, de Guiry et de Cergy ont été taillées et érigées au Néolithique, il y a quatre ou cinq mille ans. Si c'est bien Gargantua qui les a fichées en terre valdoisienne, il n'a donc fait que se servir de bonnes vieilles pierres druidiques préexistantes comme de vulgaires palets. Notre enquête avance. Elémentaire, mon cher Watson, pourtant il y a un hic. Il y a d'ailleurs toujours un hicquand on parle de cette famille de buveurs invétérés dont Maître François s'est amusé à nous conter les aventures imaginaires ! Ce hic ou cet os, c'est que la venue de Gargantua dans ce qui allait devenir, en 1964, le Val-d'Oise n'est pas mentionnée dans l'œuvre de Rabelais. Eh bien, qu'à cela ne tienne : oyez ci-après, braves gens, la terrible histoire de la page perdue des œuvres complètes du grand François Rabelais ; car cette page valdoisienne, vous me croirez si vous le voulez, je l'ai retrouvée dans un cylindre de plomb enfoui au pied d'un des trois Palets de Gargantua recensés dans notre département, celui de Cergy ! Ne me demandez pas si cette page est authentique ou apocryphe, je ne le sais pas moi-même, mais écoutez plutôt l'histoire mirifique de ces palets gargantuesques !

Au temps de Mirapolis, une gigantesque statue de Gargantua dominait de ses 35 mètres de hauteur la commune de Courdimanche devenue, en 1969, une des onze communes de la ville nouvelle de Cergy-Pontoise. C'est, semble-t-il, notre bon vieux palet qui avait donné à ses concepteurs l'idée de mettre une touche valdoisienne au parc, les autres attractions, telles que « la forêt de Brocéliande » ou « la ville d'Ys », faisant plutôt penser aux légendes celtiques. La statue était creuse, on s'y promenait en nacelle ; le géant était assis et, comme un enfant heureux, il souriait sans arrêt, en levant son verre à la santé des visiteurs. On a démonté Gargantua mais, rassurez-vous, le plus beau de ses palets restera fiché en terre valdoisienne jusqu'à la fin des temps !

Les lecteurs de Rabelais se souviennent peut-être que c'est parce que le jeune Gargantua joue, mange et boit trop que Ponocratès, son précepteur, décide de le *« remettre en meilleure voie »*. Et c'est ainsi que tous deux quittent Paris pour s'installer provisoirement en forêt de Bièvre, c'est-à-dire dans l'actuelle forêt de Fontainebleau. La page retrouvée par votre serviteur, au pied dudit palet, précise que le géant échappa toute une journée à la vigilance de ses maîtres pour s'offrir une escapade, à sept lieues de Paris, en terre véliocasse, là où vécut la tribu gauloise qui a donné son nom au

Vexin. De la forêt de Fontainebleau, il ne fallut pas beaucoup plus d'une minute au géant pour atteindre notre région.

Comme l'envie lui prit de jouer au palet - Gargantua résistait en effet à tout sauf à la tentation - il commença par délimiter son terrain de jeu : ayant posé son bonnet à Parmain et son écharpe à Guiry, il n'eut plus qu'à planter son couteau sur la rive droite de l'Oise, près de Cergy, pour disposer d'un terrain de jeu à sa mesure et faire une bonne partie de « pied du couteau ». Le terrain était délimité, il ne lui manquait plus que les palets : trois gros menhirs - qu'un druide très savant avait fait aligner selon une logique tout ce qu'il y a de néolithique dont je ne vous dirai rien, pour ne pas vous lasser - firent l'affaire. Aussitôt déterrés, ils furent jetés pêle-mêle au fond de son immense poche, et ce fut à la sortie de Cormeilles qu'il décida de se servir de ses nouveaux jouets.

Il lança le premier palet vers l'est, et celui-ci se ficha, treize kilomètres plus loin, dans la terre meuble de Parmain, à moins de vingt pas de son bonnet, ce qui le réjouit fort. Puis, se tournant vers l'ouest, il envoya un autre menhir qui se planta, comme dans du beurre, dans le champ où il avait posé son écharpe, à l'entrée de Guiry, à douze bons kilomètres de sa « base ». Enfin, se saisissant du plus gros des monolithes, il se tourna vers le sud et le projeta neuf kilomètres plus loin, à Cergy, juste au pied de son couteau.

Le Palet-de-Gargantua, également appelé Pierre-de-Fourret ou Menhir-de-Gency, est un disque de pierre d'environ quatre mètres sur cinq, encore visible au beau milieu du hameau de Gency, entre Vauréal et le quartier Saint-Christophe de Cergy. Ses dimensions pourraient vous donner à penser que le jeune géant eut du mal à l'envoyer si loin, mais si je vous dis qu'il ne fallut que dix enjambées à sa jument pour rallier les berges de l'Oise, vous comprendrez que tout cela ne fut, pour Gargantua, qu'un jeu d'enfant…

Ce menhir mutilé, plus large que haut, mérite une petite visite. Vous verrez, on le trouve facilement ! Hélas, on ne signale plus de Palets de Gargantua à Parmain ou à Guiry. Ils devaient être en calcaire, on en aura fait des maisons. Celui de Gency a eu plus de chance : en grès, donc trop friable, il n'a intéressé personne. Le plus amusant, c'est que ce menhir a donné naissance à une curieuse légende selon laquelle il aurait « poussé », comme une plante, à l'ouest de Cergy. N'en croyons rien : il est en fait le seul témoignage de la visite éclair dont le jeune géant gratifia notre région, avant d'être repris en main par son père Grandgousier et son précepteur Ponocratès. Si les légendes désignent bien, à l'origine, « ce qui doit être lu », relisons vite Gargantua à Gency et, si possible, faisons cela à califourchon sur le plus singulier des menhirs valdoisiens !

Le dernier jour du passeur

Le 24 février 1832, au coucher du soleil, victime du progrès et d'un arrêté du préfet de Seine-et-Oise, le bacquier d'Argenteuil effectua sa dernière traversée. Dès le lendemain fut mis en service le pont à péage qui devait désormais permettre aux Argenteuillais de franchir plus commodément la Seine pour se rendre à Colombes. A la trappe, le passeur ! Il est vrai qu'il fallait parfois l'attendre longtemps et qu'il faisait volontiers la sourde oreille lorsqu'une ou deux personnes seulement le hélaient depuis l'autre rive. A force de vivre seul et de manier la gaffe, il était devenu une sorte de référence en matière de bourdes et autres boulettes. Disons-le tout net, le passeur était un gaffeur, et cela ne plaisait pas à tout le monde. Il n'était pas méchant, non, mais il était bourru comme un vieux sanglier et encore moins causant que les carpes dont il faisait son ordinaire. Les clients réclamaient de plus en plus de ronds de jambe ; or notre passeur avait tout récemment mis à l'eau un client irascible et réclamé un supplément injustifié à un passager dont la tête ne lui revenait pas. Non, décidément, ce passeur d'Ile-de-France ne ressemblait vraiment pas aux sages passeurs orientaux dont on se plaît à penser, en Europe, que, pour le même prix, ils aident leurs disciples de clients à franchir des rivières rougeâtres et à avancer dans leur quête spirituelle. On l'aura compris, la spiritualité était le cadet des soucis de ce batelier matérialiste que son karma préoccupait nettement moins que les aléas et les tracas de son petit artisanat.

A sa décharge, il faut dire que la vie n'avait pas été tendre avec lui. Avant de faire traverser la Seine aux charretiers, colporteurs et autres paysans endimanchés, l'homme avait été journalier chez un fermier de Sannois dont la violence et les exigences avaient métamorphosé le futur passeur en mauvais coucheur. Mais tout cela n'était rien à côté de l'événement fantastique qui avait transformé sa vie en cauchemar ; d'autant plus que, de peur de faire remonter le monstre tapi au fond de sa mémoire, le passeur avait décidé de ne plus jamais reparler à qui que ce fût de ce jour du mois d'août 1830, au terme duquel sa vie avait basculé.

Il avait fait une chaleur étouffante cette nuit-là, et le passeur s'était réveillé en nage et de fort mauvaise humeur. De part et d'autre du fleuve, on moissonnait à tour de bras, mais on se bousculait si peu sur son embarcadère qu'il finit par se demander ce qui se passait. Le temps semblait s'être arrêté sur les berges de la Seine. Pas un souffle de vent, pas le moindre bruit. Pourtant, un peu avant midi, une grande silhouette toute de noir vêtue le héla du côté de Colombes. D'ordinaire, il attendait qu'il y eût un peu plus de monde pour larguer les amarres et traverser le fleuve mais, cette fois, quelque chose lui dit qu'il n'avait pas de temps à perdre, que sa vie risquait de se jouer sur cette traversée. La silhouette noire agitait régulièrement les bras pour attirer son attention. Ce devait être une personne importante, un de ces clients aisés dont on peut attendre un bon pourboire si on se dépêche de bien les servir. En fait, ce n'était pas l'appât du gain qui poussait le bacquier à agir ; non, cette fois, décidément, c'était bien autre chose et cela relevait d'une sorte d'impérieuse nécessité à laquelle cet homme fruste n'avait encore jamais été confronté ; d'ailleurs, sa lourde gaffe semblait trouver d'elle-même les appuis les plus fermes dans le mystère du fleuve.

L'eau était peu profonde et c'est pourquoi, depuis des siècles, des générations de passeurs s'étaient succédé à cet endroit près duquel, moins de deux ans après ce jour mémorable, un pont à péage flambant neuf lui volerait à tout jamais son gagne-pain, pour ne pas dire sa seule raison de vivre. Ce n'était pas qu'il aimât son métier - cet homme n'aimait d'ailleurs pas grand-chose ni grand monde - mais son activité lui donnait un statut, des revenus et une sorte de pouvoir. Il se prenait un peu pour le seigneur du fleuve, et cela lui plaisait bien d'être le seul maître à bord après Dieu ; mais, décidément, ce jour-là, tout semblait vouloir lui échapper. Il eut beau gaffer à s'en donner des ampoules, rien n'y fit ; et, comme personne ne le voyait ni ne l'entendait, il finit par comprendre qu'il était devenu aussi invisible que la plupart des revenants. A l'époque, les habitants du gros bourg qu'était encore Argenteuil faisaient régulièrement dire des messes pour vaincre leur peur d'un remous, visible de la berge mais aussi du bac, dont on disait, entre autres, qu'il avait une influence considérable sur les précipitations et donc sur les récoltes. Ce trou-hôte d'un dangereux tourbillon avait même un nom. On l'appelait Gourgon - du latin *gurges*, mot par lequel les Romains désignaient gouffres et tourbillons. D'énormes bulles verdâtres lui donnaient, ce jour-là, l'apparence inquiétante de ces soupes vénéneuses dont les sorcières ont le secret. De gros morceaux de bois faisaient deux ou trois tours avant d'être aspirés par le puissant vortex qui, devant les yeux horrifiés du passeur, ne fit soudain qu'une bouchée d'une grume presque aussi longue que sa barque !

D'ordinaire, il se tenait à bonne distance de ce remous diabolique ; mais, ce jour-là, il lui sembla beaucoup plus puissant que d'habitude et proprement incontournable. Tout à la fois fasciné et horrifié, l'homme se sentait inexplicablement attiré par cet obstacle menaçant. Il finit par comprendre qu'il n'y avait plus rien à faire et qu'il allait, comme beaucoup d'autres avant lui, subir la loi d'airain de l'inflexible Gourgon. Il eut beau gaffer, ramer, s'agiter en tous sens, rien n'y fit. Le bac se mit à tournoyer comme une vulgaire planche, le soleil se cacha derrière un gros nuage et il sembla au passeur que l'inconnu de noir vêtu continuait d'agiter ses deux longs bras de spectre, au même rythme, sans daigner s'apercevoir que le bac était en train de sombrer.

Le passeur savait si peu nager qu'il coula comme une pierre. Il suffoqua un instant puis, curieusement, il lui sembla qu'il trouvait assez d'air dans l'eau des profondeurs pour continuer à vivre. Il eut alors le sentiment de respirer autrement, comme s'il était redevenu un fœtus innocent que rassurent les eaux du plus doux des paradis perdus…

Gourgon l'entraîna dans ses tréfonds, à l'endroit où la force des remous avait laissé la roche à nu et même creusé une grotte mystérieusement éclairée - par le soleil ou le feu de l'enfer, allez savoir ! - dans laquelle le passeur se retrouva face à face avec un poisson monstrueux qui ne pouvait être qu'un silure, une espèce de poisson-chat géant qui vit sur les fonds vaseux de tous les grands fleuves, du Rhin au Nil en passant par le Danube, et dont quelques beaux spécimens hantent discrètement les cours d'eau d'Ile-de-France. Celui-ci devait mesurer quatre bons mètres ! Il avait une tête énorme et des barbillons de la taille d'un bras d'homme. Assez large pour avaler un cochon, sa bouche béait sottement, comme celle des lottes, ces poissons hideux dont les poissonniers n'exposent et ne vendent que la « queue », de peur d'effrayer leurs clients. Le tourbillon lui apportait de la nourriture en quantité suffisante, et il n'avait même plus besoin de sortir de sa caverne.

Avec ce silure casanier, on était loin du Chipique, un monstre mi-crocodile mi-serpent qui délaisse volontiers son antre, au pied des chutes Victoria, pour aller renverser les pirogues qui descendent le Zambèze. L'idée lui était bien venue de se mettre en quête d'une dame silure pour s'assurer une descendance et léguer à ses ayants droit sa caverne et les proies que lui apportait à domicile le terrible Gourgon mais, vaincu par la paresse, il avait rebroussé chemin, quelques années auparavant, avant d'opter définitivement pour le célibat.

Habitué aux noyés, l'animal avala le passeur sans état d'âme, comme il le faisait quotidiennement avec les brochets, brèmes et autres gros poissons que son complice le tourbillon étourdissait pour lui. Ce gigantesque poisson-chat se pourléchait les moustaches lorsqu'une proie consistante finissait dans son énorme gueule de monstre des grands fonds : le passeur était si dodu qu'il fit abondamment saliver la bête gourmande de chair fraîche.

Aussitôt avalé, le bacquier repensa à la légende selon laquelle, deux mille ans avant cette terrible journée, las d'entendre dire que des monstres marins perturbaient les travaux d'aménagement du port d'Alexandrie, le roi Alexandre le Grand serait entré dans un tonneau de cristal avec deux de ses fidèles serviteurs et se serait fait déposer au fond de la mer. Les trois plongeurs auraient alors dessiné les monstres qui passaient et repassaient devant leur sous-marin de verre. Une fois revenu à la surface, Alexandre aurait fait sculpter des représentations de ces monstres et les aurait fait disposer le long des quais. Au matin, après une nuit passée à saccager le port, les monstres auraient soudain aperçu leurs terribles effigies et, effrayés par leur propre laideur, auraient regagné pour toujours le fond des mers, permettant aux travaux de reprendre et au conquérant de retourner à ses conquêtes. Notre pauvre passeur aurait bien reproduit l'horrible tête du silure pour la lui montrer et l'effrayer mais, dans l'estomac de la bête, il ne trouva rien d'autre à pétrir qu'un répugnant amas d'arêtes broyées et de chairs malaxées.

Il en était à se comparer à Jonas et à assimiler le silure au Léviathan de la Bible, lorsque le monstre avala une énorme carpe avec laquelle le passeur sympathisa aussitôt. Ils avaient à peu près le même âge et pas mal de souvenirs en commun, ayant toujours vécu sur les berges ou au fond du même fleuve ; pourtant, il fallut beaucoup de temps à cet homme taciturne pour avouer à sa nouvelle amie qu'il se nourrissait très souvent de la chair de ses congénères. Il faut dire que la carpe avait du caractère et qu'elle était tout sauf muette. C'était même une pipelette, une experte en ragots. Elle commença par dénigrer ce tueur en série de silure obèse, puis s'en prit aux martins-pêcheurs, aux hérons et autres voleurs d'alevins qui l'avaient si souvent privée de descendance, avant d'accuser perches et brochets de transformer en jungle impitoyable leur belle portion de Seine. Le passeur laissa s'exprimer la carpe outrée, jusqu'au moment où un remords le poussa à lui avouer qu'une partie non négligeable de son lignage avait fini dans son estomac de pêcheur invétéré. La bête n'en revint pas. Elle avait bien aperçu, de temps en temps, de gros vers suspects transpercés par de méchants petits harpons, mais ces repas faciles lui avaient toujours inspiré une profonde méfiance ; et si elle avait effectivement constaté que certaines de ses congénères remontaient vers la surface à la vitesse de l'éclair et ne donnaient plus, ensuite, le moindre signe de vie, elle avait attribué ce curieux phénomène à de mythiques oiseaux pêcheurs qu'elle appelait les Bougloubs et auxquels elle avait récemment cessé de faire des sacrifices, ayant perdu la foi après l'inexplicable disparition du poisson trapu qui partageait sa vie subaquatique depuis plus de vingt ans. Le passeur ne vit pas si sa nouvelle amie versait ou non une larme au récit de ses forfaits, mais il prit soudain conscience que ce n'est sans doute pas pour rien que les mots « pêcheur » et « pécheur » se ressemblent à ce point. Il se chercha bien des excuses mais, devant le chagrin de la carpe, il ne put que demander pardon à la pauvre bête, au nom du droit des espèces à vivre sur le dos des autres et autres balivernes du même tonneau dont le poisson effondré sembla se contenter. Précisons que ces aveux déchirants furent plusieurs fois interrompus par le surgissement impromptu de proies aussi diverses qu'un canard blessé et une tanche hors d'âge. Il y avait un tel raffut dans ce prétendu monde du silence qu'on se serait cru dans le dernier cercle de l'enfer, le jour des arrivées. En lui pardonnant son passé de prédateur, la carpe se montra tellement magnanime que le passeur lui promit, en retour, de ne plus se nourrir que de légumes s'il ressortait vivant du ventre du silure.

***

Chaque nuit, le nautonier revivait, en tremblant, les affres de l'engloutissement. Un mois avant sa mise à la retraite, il était en plein cauchemar lorsqu'un envoyé du préfet entra dans sa cabane pour lui signifier son congé. Le factotum pâlot ne sut jamais pourquoi le passeur en nage avait hurlé : *« Si j'sors de l'eau, j'mangerai plus qu'des poireaux ! »* mais, dans son for intérieur de fonctionnaire besogneux, il alla aussitôt de soi que ce vieux fou de passeur était tout à fait mûr pour la retraite. Le bacquier avait peut-être rêvé cette histoire d'engloutissement, mais cela ne l'empêcha pas de tenir sa promesse, puisqu'il vécut encore quelques années, loin de tout cours d'eau, afin d'expier, à grand renfort de légumes fades, son goût immodéré pour le poisson de rivière.

***

A l'instant où il mourut, le brave prêtre venu lui administrer le sacrement des malades l'entendit proférer, dans un souffle qui fut pour lui le dernier, une profession de foi qui ne manqua pas de le surprendre, puisque le passeur à la retraite termina sa vie en disant simplement : « *Si j'ressors de la terre, j'vous jure, croix d'bois croix d'fer, que j'mangerai plus qu'des pierres !* » Alors, en guise de viatique pour cet autre monde qu'on espère meilleur, l'homme de Dieu ne trouva rien de mieux à répondre au vieux rêveur - qui d'ailleurs ne l'entendait déjà plus - que cette béatitude apocryphe : « *Bienheureux les fêlés ! Ils laissent passer la lumière !* »

La bécasse prise à la passée

La « passée », c'est une fête paysanne tout ce qu'il y a de bien arrosée; mais, pour les chasseurs, la passée, c'est bien autre chose! Dans leur jargon, ce mot désigne en effet le moment crépusculaire où les bécasses quittent les bois pour la campagne : c'est l'heure à laquelle les chasseurs « prennent » les bécasses. L'un d'entre eux, côté cœur, avait la vue tellement basse (on ne voit bien qu'avec le cœur, mais pas lui) qu'il confondait les bécasses et les filles. Il les prenait à la passée comme de vulgaires proies. La bécasse, c'est un oiseau migrateur, un échassier au long bec, tout le monde savait cela au pays; mais, comme on dit aussi d'une femme un peu sotte que c'est une bécasse, ce sans-cœur avait fini par

« prendre » tout ce qui était assez naïf pour croire à ses boniments. Je respecte trop les femmes et les oiseaux sauvages pour leur faire le moindre mal mais, en matière de boniment, je me défends assez bien, moi aussi. Je suis colporteur et, dans ma hotte, il y a tout ce dont vous rêviez depuis toujours : un joujou pour le petit dernier, assez d'étoffe pour nipper toute la famille et même des hameçons pour vos pêcheurs de maris ! Mais chaque chose en son temps : ma marchandise ne va pas s'envoler et vous pourrez tout voir et tout acheter dans un instant, je vous le promets ! En attendant, laissez-moi vous raconter la lamentable histoire du Loup du Vexin !

C'est en effet comme cela que les journaliers et les commères ont surnommé ce guetteur de femmes fraîches. Approchez, approchez ! Les faits que je vais maintenant vous rapporter, je les tiens d'un horsain qui a tout vu, le soir où cette histoire désolante a commencé ! Comme leur nom l'indique, les horsains viennent du dehors, ils ne sont pas du pays. Celui-ci venait tous les ans de Normandie « faire la saison » en Vexin. Il moissonnait d'un geste ample et régulier qui lui valait l'estime des paysans du Bellay, de Cléry, de Guiry et autres villages « en Vexin » où l'on avait assez d'ouvrage pour rechercher des bras, à condition qu'ils fussent solidement attachés à de solides épaules et actionnés par de bonnes cervelles d'hommes honnêtes. Pour me mettre à l'abri d'un orage, j'ai passé une nuit dans la paille près de ce horsain-là, et il m'a tout raconté en échange des boutons qui manquaient à sa veste.

Le « loup » en question avait été un homme comme un autre, de sa naissance - à Commeny ou Banthelu, je ne sais plus - jusqu'au jour où un accident de chasse l'avait privé d'un œil, d'un bout du nez et des faveurs des femmes. On l'avait vu changer, il n'était plus le même. On aurait dit que la chevrotine, en modifiant ses traits, l'avait du même coup privé de son humanité. En fait, il n'avait plus de visage, ou plutôt ce qui lui en tenait lieu aurait fait peur même à Bayard ! Malgré sa gueule cassée, il aurait pu rester un brave garçon, mais le coup de feu avait dû emporter le morceau de tête, depuis lequel, jusqu'à l'accident, sa bonne nature et son éducation avait réussi à contenir ses pulsions inavouables. Après tout, Samson ne concentrait-il pas toute sa force dans ses cheveux et Achille toute sa faiblesse dans son talon ? Ce pauvre type avait donc cessé de mériter le beau nom d'homme, au point de confondre femmes et proies. Il avait oublié que l'amour ne se « prend » pas et que les femmes ne se donnent qu'à ceux qui savent les aimer. Il ne savait plus rien, en fait, cet homme qu'une seule humiliation avait changé enloup.

L'automne venait à peine de repeindre le Vexin aux couleurs du millepertuis et de l'écureuil, quand la Marie-au-Jean se décida enfin à rendre une petite visite à sa mère qui vivait seule à Guiry, depuis que son brave paysan de mari était parti rejoindre la cohorte de laboureurs ailés qui entretient les jardins du paradis. Depuis la mort du père, cela n'allait plus trop bien entre la Marie et sa mère. Dès qu'elles se retrouvaient, elles étaient tellement plus chien et chat que mère et fille, que le moindre prétexte leur était bon pour se chamailler. Elles n'étaient d'accord sur rien et se disputaient pour tout, à telle enseigne que l'une et l'autre appréhendaient leurs retrouvailles, au point de les espacer le plus possible. Mais bon, cela faisait plus de trois mois que la Marie n'était pas retournée à Guiry, et il fallait bien qu'elle la rende, cette visite redoutée !

Et ce fut donc la mort dans l'âme, et en traînant les pieds, qu'elle finit par se diriger vers sa chaumière natale avec, pour tout viatique, une poignée de châtaignes et quelques nouvelles à raconter à la vieille femme. Les chemins étaient sûrs à l'époque. Le loup au visage foudroyé ne s'était pas encore manifesté : en ce temps-là, les bécasses lui suffisaient. Il venait juste d'en prendre une à la passée, quand son chemin croisa celui de la Marie-au-Jean. Elle avait bien entendu le coup de feu, mais cette petite-fille, fille et épouse de chasseurs avait identifié cette détonation comme un bruit familier et non comme une menace.

L'œil qui restait au chasseur brilla de convoitise lorsqu'il aperçut la jeune femme qui, instinctivement, pressait le pas, de peur d'être encore en chemin au moment où, la nuit venue, elle serait bien en peine de retrouver sa route. Il venait juste de plonger la petite proie encore chaude dans sa gibecière : cette bécasse-là compléterait avantageusement son joli tableau de chasse ! Il y avait trop longtemps qu'il avait dû remiser sa virilité au rayon des bons souvenirs : cette femme ferait l'affaire pour ses retrouvailles tant attendues avec le monde des gens normaux qui aiment avant de mourir, et font des petits pour peupler la machine ronde et se survivre tant bien que mal.

Il commença par lui parler. Plutôt aimablement, d'ailleurs, en homme convaincu que les préliminaires peuvent être réduits à quelques formules de politesse : des femmes, il ne connaissait visiblement que les formes, de loin ou par ouï-dire. Marie n'eut même pas peur. La nuit tombait et ce chasseur ressemblait à mille autres, en somme, entre chien et loup…

Elle ne s'était même pas arrêtée. Elle devait le mépriser, sa gueule cassée la faisait fuir, elle était comme toutes les autres. Eh bien, elle allait voir ce qu'on fait à la bécasse quand elle résiste au chasseur !

Le horsain bourra sa pipe. Il avait le temps, il me tenait sous sa griffe. L'homme devenu loup allait sans doute abuser de sa proie, puis la couper en morceaux ! Je n'y tenais plus. Je servis au journalier un grand verre de vin rouge pour l'encourager à finir son histoire, et c'est ce qu'il se décida enfin à faire, avec un drôle de sourire qui aurait dû me mettre sur la voie.

En effet, l'infirme n'était pas encore le loup sanguinaire que son âme morte allait faire jaillir du marais de ses entrailles frustes. Ce n'était, en ce temps-là, qu'un vulgaire corbeau, un de ces mangeurs de viande faisandée qui ne savent tuer que le temps, un fusil à la main : Marie eut tôt fait de jauger son pitoyable agresseur. Il voulut faire les gestes qui déshonorent mais, comme il commençait à se mettre en mesure de connaître l'extase, la prétendue bécasse, qui était une fine mouche et en avait vu d'autres, l'incita perfidement à se mettre bien à l'aise, en lui promettant monts et merveilles. Elle le laissa même s'approcher d'elle, mais comme ses braies descendues jusqu'aux chevilles le faisaient marcher comme un pingouin, elle fut prise d'un fou rire qui transforma, en un instant, le loup en agneau et le séducteur naïf en vrai pauvre type. Elle ne courut même pas, elle riait trop pour cela !

L'homme se rhabilla et, lorsqu'il eut fini de boire, jusqu'à la dernière goutte, la coupe amère de sa honte, il se jura que cette femme serait la dernière à se moquer de lui. Et c'est ainsi que la Marie-au-Jean transforma, bien malgré elle, une âme morte en bête sanguinaire.

Six mois et six meurtres après cette métamorphose, une battue mit un terme aux errements d'un prédateur dont la légende seule hante désormais les chemins creux du Vexin.

Et maintenant, qu'est-ce que j'vous sers, mes p'tites dames ? Approchez, approchez ! J'ai tout ce qu'il vous faut, et même ce dont vous ne pensiez pas avoir besoin ! Un couteau pour la dame en blouse ? Une hache pour ces deux beaux yeux-là ? Voyons, n'ayez pas peur : on a bien le droit de plaisanter un peu, non ? Je viens de traverser la forêt et, vous pouvez me croire, le loup n'y est plus ! Le temps de dépenser ses sous est revenu, alors on regarde et on fait son choix ! Allons-y, mesdames, approchez, approchez !

Il était une fois à la Pierre-Turquaise…

Vous avez connu votre grand-père, n'est-ce pas ? Mais vous êtes-vous déjà dit que lui-même avait eu un grand-père et ainsi de suite jusqu'à la nuit des temps ? Oui, sans doute, mais le « vieux vieux » temps n'est pas si loin de nous, après tout, surtout quand on songe qu'à raison d'une moyenne de quarante ans de vie par ancêtre, une cinquantaine d'aïeux, tout au plus, nous séparent, par exemple, de la naissance de Jésus de Nazareth. Eh bien, il vous suffit de multiplier ce chiffre par trois pour arriver à l'époque dont je vais maintenant vous parler !

Il y a cent cinquante ancêtres, donc, même si l'ancêtre est une unité de temps trop méconnue, notre région ne s'appelait pas encore l'Ile-de-France et les Valdoisiens d'alors avaient des petits airs de sangliers mal rasés dont raffolaient les ménagères des cavernes. Le charme de ces beautés préhistoriques était certes un peu fruste, mais elles étaient d'un naturel tellement touchant que nous n'insisterons pas sur leurs cheveux terreux, leurs culottes en peaux de bêtes et leur inimitable haleine de yack. Et puis les canons de la beauté, c'est comme les modes, l'heure ou notre humeur : ça change tout le temps !

Or donc, il y a fort longtemps, les forêts étaient beaucoup plus denses que nos petits bois du XXIe siècle, et si nos ancêtres du Néolithique vivaient encore dans des cabanes de branchages, ils n'en abritaient pas moins leurs morts sous d'énormes dolmens, connus sous le nom d'allées couvertes. La plus célèbre - qui est aussi le plus grand monument mégalithique d'Ile-de-France - était le Puits-aux-Elfes que nous désignons désormais sous le nom énigmatique de Pierre-Turquaise et dont l'entrée n'est plus gardée que par une sobre Déesse des morts sculptée à même le grès.

Dans ce palais des courants d'air, nos ancêtres entassaient leurs chers disparus, sans même s'apercevoir qu'ils dérangeaient, à chaque inhumation, des petits êtres un peu follets, connus ailleurs sous le nom de lutins, de kobolds, de farfadets ou de korrigans, mais que nous appellerons elfes, comme nous y invite l'ancien nom de ce dolmen qui servira sans doute de cadre à une histoire approchante que vous contera, un jour, votre lointain aïeul d'il y a cent cinquante ancêtres, devant un verre d'ambroisie ou d'hydromel, dans les jardins du paradis ou une salle du Walhalla, quand vous serez là-haut, là-dessous ou là-bas et, en tout cas, plus vraiment d'ici-bas.

Le Puits-aux-Elfes était une sorte de coopérative harmonieuse, comparable au Phalanstère dont rêva Charles Fourier au début du XIXe siècle, ou au Familistère qu'André Godin, un de ses disciples, créa dans l'Aisne en 1859. Tout ce que je vais maintenant vous raconter s'est passé au Temps du rêve, au temps des utopies, lorsque le don de sa personne allait de soi, que le partage était la règle et que le bonheur de chacun importait à tous. Je vous parle d'un temps où chaque homme était le père de chaque enfant et où toutes les femmes auraient volontiers donné leur vie pour les enfants des autres, si cela avait été utile ; mais leur petite taille protégeait si bien les sociétaires de cette coopérative que l'héroïsme n'était pas nécessaire dans leur petite communauté. Les elfes n'étaient pas meilleurs que vous ou moi, mais comme ils ne connaissaient ni la cupidité ni la jalousie, leur humeur était toujours égale et leur joie de vivre faisait plaisir à voir.

Une petite taille présente en effet tellement d'avantages que cette histoire devrait faire réfléchir les enfants que leur format portatif rend amers. Tout d'abord, être petit simplifie les problèmes d'approvisionnement : un grain de blé rassasiait en effet un foyer elfe pour la journée et, autour d'une seule framboise, le Puits-aux-Elfes tout entier festoyait jusqu'aux premières lueurs de l'aube ! Les elfes sont végétariens, c'est bien connu. Ce sont des génies de l'air, à l'origine, mais ces elfes-là étaient plutôt des terriens. S'il faut en croire Théophile Gautier, *« c'est la nuit que les Elfes sortent/ Avec leur robe humide au bord »*, mais les elfes de Saint-Martin-du-Tertre - bien avant que cette commune ne portât ce nom - ne sortaient la nuit que pour chasser le dahu avec leurs enfants, en hiver, quand la neige recouvrait les dalles cyclopéennes de leur familistère. En fait, l'elfe est un couche-tôt, n'importe quel hôte de la forêt vous le dira, à condition, bien entendu, que vous parliez la langue de l'hôte en question.

Le fait d'être petit présente bien d'autres avantages qui ne peuvent que rendre heureux les veinards qui rasent les mottes ou le bitume, et à qui il faut une échelle pour cueillir des fraises ou franchir un champignon. Etre petit permet, tout d'abord, d'économiser notablement le bois de chauffage. Apprenez, par exemple, qu'avec une seule pomme de pin, on chauffe un appartement grand comme une noix durant un ou deux mois. Une petite taille permet, en outre, de se vêtir de rien ou presque. Ainsi, avec une seule mue de serpent, les couturiers de la coopérative confectionnaient une bonne centaine d'imperméables et une simple touffe de poils de lapin suffisait aux grands-mères pour tricoter les bonnets à pompon que leur réclamaient, bien avant les premiers frimas, les enfants et les chauves de la communauté !

Ah ! Non, vraiment, qu'on ne vienne plus me dire qu'être petit est un problème ! Les elfes le savaient bien, eux, qu'ils avaient de la chance, et il n'était pas rare de les voir gambader, au meilleur de l'après-midi, dans les rayons du soleil. Ils organisaient même des courses de cloportes attelés et des baptêmes de l'air à dos de coccinelles ou de hannetons !

Tout cela est fort poétique et, pour tout dire, « bien joli », mais les lutins de Saint-Martin avaient, fort heureusement, d'autres qualités que celle, déjà fort appréciable, d'avoir su créer un coin de paradis dans une vieille tombe. Mais attention ! Le secret que je vais maintenant vous révéler est l'un des mieux gardés par les chevreuils et les fougères de la forêt de Carnelle ! Je sais que je peux compter sur votre discrétion, alors écoutez bien cette histoire et puis motus et bouche cousue !

Le Puits-des-elfes n'était pas seulement le pays enchanté des minuscules Valdoisiens du temps jadis. Il était un peu plus que cela. Il correspondait en effet à ce que le poète Yves Bonnefoy nomme « l'arrière-pays ». Mais si, vous savez bien : cette patrie de l'âme, ce « vrai lieu » que nous cherchons tous, plus ou moins, lorsque nous déménageons, rêvons ou voyageons. Nous ne faisons jamais que l'effleurer, nous restons sur son seuil, à sa frontière ; c'est le pays où tout devient possible, celui où nous savons voler comme un fou de Bassan, écrire comme Marcel Proust et peindre comme Raphaël. Malheureusement, ce pays a disparu avec le Temps du rêve, et nos âmes seules s'y sentent encore chez elles, dans les tréfonds de nos mémoires.

Il y a bien un truc pour y retourner, le temps d'un sourire ou d'une page de conte, mais ce truc est si bête que vous n'allez pas me croire. Pour ne rien vous cacher, ce truc est turc. Ce conteur déraille, pensez-vous déjà. Un truc turc ! Et pourquoi pas un méchant machin ou le bidule d'Ursule ? Si, si, croyez-moi, pêcheurs de lune et autres rêveurs impénitents : le truc, c'est le mot « turc » ! Ce n'est pas compliqué : le Puits-aux-Elfes s'appelle maintenant la Pierre-Turquaise parce que la pierre a recouvert le puits et que les bien-pensants ont toujours eu besoin d'une tête de Turc pour désigner ce qui les effrayait. De Turc à Turquaise, il n'y a qu'un pas d'elfe, comme d'elfe à lutin, il n'y a jamais que farfadet, gobelin, korrigan et kobold : E, F, G, K, L ! Du E au L, il ne manque que trois lettres - H, I, J - or ce sont ces lettres-là qui composent le nom du plus mutin des lutins, je veux parler de Jhi, le lutinissime chef de la tribu du Puits-aux-Elfes. Vous me suivez ? Non ? Ce n'est pas grave, car vous avez encore une chance en lisant attentivement ces six définitions :

Elfe : génie des **airs** dans la mythologie scandinave.
Farfadet : esprit follet, d'une grâce légère et vive.

Gobelin : vieux mot pour lutin.
Korrigan : esprit malfaisant dans les traditions populaires bretonnes.
Kobold : esprit familier, gardien des métaux précieux enfouis dans la terre allemande.
Lutin : petit démon taquin et malicieux qui se manifeste surtout pendant la **nuit**.

Vous n'avez rien remarqué ? Non, vraiment ? Voyons, c'est simple : le petit monde des lutins n'est séparé de celui des elfes que par les airs et la nuit ! Jhi était certes un lutin, mais il volait comme les elfes, ses ancêtres, dont le phalanstère-à-lutins portait alors le nom.

Or donc, qu'on se le dise aux quatre coins du Val-d'Oise d'aujourd'hui, Jhi était certes le chef des lutins du Puits-aux-Elfes, mais il était surtout le gardien volant du Pays du dedans, de cette contrée sans feu ni lieu à laquelle on n'accède qu'en éclatant de rire ou en disant : *« Je t'aime. »* Elfe au milieu des lutins, Jhi volait de l'un à l'autre afin que chacun sache qu'un chef elfe virevoltant qui vous prend sous son aile, de jour comme de nuit, cela vaut bien dix lutins trop taquins qui s'endorment au matin !

Jhi avait beau être le minuscule contemporain de je ne sais quel trisaïeul du premier pharaon de Haute et Basse-Egypte, il n'avait rien d'un roi de droit divin. Il n'était jamais qu'un élu et avait donc pas mal de mains à serrer et de récriminations à entendre ; alors, pour se détendre, il s'évadait souvent, d'un coup d'aile ou d'un élan du cœur, vers le Pays du dedans. Ce pays-là, c'était - comment vous dire ? - c'était un peu comme le plus beau de vos rêves, en tout cas comme le plus lointain. On n'y croulait ni sous les caresses ni sous des torrents de miel, mais on y vivait des sentiments inconnus partout ailleurs. On y faisait des gestes d'un autre temps, pour exprimer d'autres réalités que les nôtres. Au Pays du dedans, on entendait des paroles inouïes, on y faisait des gestes inédits, on y sentait des parfums qu'aucun « nez » n'est capable de créer ; dans ce pays, on goûtait des saveurs impossibles et l'on touchait des peaux trop douces pour être vraies.

Jhi venait y éprouver des sentiments jamais ressentis, avant lui, par quiconque. Son préféré était une émotion très composite, à mi-chemin entre l'apaisement et l'inquiétude, une sorte d'anxieuse confiance ou d'insatisfaction heureuse qui lui donnait des frissons à l'âme et submergeait de douce amertume son petit cœur d'elfe. Oxymore III, le souverain incontesté de ce royaume immatériel, l'avait nommé gardien des sentiments confus et conservateur en chef des émotions fugaces. Comme un entomologiste, il lui fallait donc piquer, sur de petits bouchons de gaz rares, des sentiments évanescents qu'il ne pouvait même pas rapporter au Puits-aux-Elfes, faute d'un panier approprié et d'une autorisation dûment remplie par le grand Oxymore ; alors, il revenait de là-bas un peu plus malheureux à chaque fois. Il avait beau augmenter les doses et multiplier les séjours dans ce pays trompeur, il était de plus en plus épuisé par ses excès sentimentaux, et son travail d'élu s'en ressentait. Il serrait moins de mains, on le consultait plus rarement : il allait devoir prendre une grande décision, pour ne pas dire de fermes résolutions.

Farfalute, sa tendre épouse, réussit enfin à le convaincre de décrocher et il se contenta désormais de sentiments très ordinaires, pour ne pas dire très humains. Il n'éprouva plus le moindre sentiment double et, même s'il garda un brin de nostalgie du Pays du dedans, il cessa de ressentir l'intolérable sensation de manque qui l'avait alerté sur son état de dépendance ; et comme les crises disparaissaient, il redevint lui-même, au point de se remettre à puiser, parmi les siens, la force et l'énergie dont il avait besoin.

A la même époque, un cataclysme ou une guerre entre clans remplit le phalanstère de morts tout neufs qui forcèrent les lutins à déménager, sous l'œil goguenard de la Déesse des morts qui veillait sur les chambres funéraires et n'avait que mépris pour ces vivants minuscules. Le jour où Jhi et Farfalute fermèrent à clé leur logis gros comme une noix - triste journée commémorée, chez les lutins, sous le nom de « Jour Jhi » - ils éprouvèrent comme un pincement ; et lorsqu'ils quittèrent notre région pour regagner, en vrombissant, la Scandinavie de leurs ancêtres, le Pays du dedans disparut corps et biens dans le Temps du rêve et le Puits-aux-Elfes n'eut plus qu'à devenir la Pierre-Turquaise. Mais méfiez-vous tout de même quand vous vous glissez sous les énormes dalles de cette allée couverte : un sentiment double est vite arrivé, et l'on a vu des promeneurs contaminés par cette étrange maladie venue d'ailleurs qui ne s'en prend pas qu'aux autres, vous pouvez me croire !

Tu es déjà allé là-bas et tu éprouves une confiante jalousie à l'égard de ceux que tu aimes, ou un tendre mépris pour cette histoire ? Eh bien, te voilà donc contaminé, et mille sentiments contradictoires vont désormais s'affronter en toi ; mais sois sans crainte, mon frère, car ce pays ne t'a jamais été tout à fait étranger : ton cœur, comme le mien, y vivent en fait, et à plein temps, depuis le jour où nous sommes nés, depuis la nuit des temps.

Guérisseur ou charlatan ?

Vers la fin du règne de Louis XIV, bien avant que ce coin de France ne soit connu sous le nom de Val-d'Oise, il y avait en Vexin - à Villers-en-Arthies, pour être plus précis - un paysan inculte qui se disait guérisseur et que l'on venait consulter de très loin. Ce drôle de médecin s'appelait Christophe Ozanne. Comme vous et moi, il guérissait les maladies qui passent toutes seules et celles qu'une tisane et trois mots bien sentis soulagent d'autant mieux que le malade vous fait confiance. On prêtait bien au roi de France le pouvoir de guérir les écrouelles le jour de son sacre mais, en attendant, il fallait s'en remettre à d'autres guérisseurs - moins prestigieux sans doute, mais tout de même plus accessibles - pour tous les maux devant lesquels les médecins honnêtes s'avouaient impuissants. « *Il n'y a que la foi qui sauve* », dit-on communément de ceux qui, ayant tout essayé, se rabattent sur le premier charlatan venu…

Il y avait foule chez ce paysan-guérisseur ! Dans la cour de sa ferme, se pressaient des écrouelleux en mal de sacre - le Roi-Soleil, en effet, n'en finissait pas de briller et son numéro XV de prince héritier n'était même pas conçu - alors, avant qu'il ne fût sacré et en état d'imposer le bout de son royal index sur les glandes malades de ses sujets, il coulerait encore pas mal d'eau sous les ponts de l'Oise ! - mais aussi des impétigineux, des érysipélateux, des boiteux, des culs-de-jatte, j'en passe et des plus gangrenés. Rien que du beau monde, on l'aura compris ! En désespoir de cause, les plus atteints se faisaient transporter à Villers en carrosse, à cheval ou en brouette. Ozanne obtenait à peu près les mêmes résultats que Lourdes aujourd'hui, c'est-à-dire un peu moins que ses confrères de la Faculté. En tout cas, ses patients étaient contents et aucun de ceux qu'il avait expédiés *ad patres* n'était revenu se plaindre. Cet homme-là avait beau prodiguer à tous ces malheureux des soins à peu près aussi efficaces qu'un cautère sur une jambe de bois, on revenait le voir et on s'accrochait à lui comme à la dernière bouée avant le grand plongeon.

Il vivait mieux que ses voisins du beau pays d'Arthies, il n'avait pas de mal, d'ailleurs. On le payait en espèces sonnantes et trébuchantes, et ses décoctions et autres poudres de perlimpinpin ne lui coûtaient que la peine de faire bouillir quelques herbes folles dans un peu d'eau, sur le vieux poêle que lui avaient légué ses ancêtres. Sa grande spécialité était le racinage, une décoction noirâtre à base de feuilles et d'écorces de noyer, qui servait d'ordinaire à la teinture, mais qu'il utilisait volontiers pour soulager les plaies, ayant découvert que, pour que ses clients aient le sentiment d'en avoir pour leur argent, il fallait que ses soins piquent, brûlent ou tachent. Las de faire souffrir inutilement des patients condamnés, de toute façon, par le manque d'hygiène, de nourriture et, plus généralement, par toutes les misères d'un temps où le soleil ne brillait plus que sur Versailles, il avait fini par se contenter de colorer au racinage les plaies des uns et d'apaiser les maux des autres à grand renfort d'antitoxiques aussi élaborés que le lait coloré à la pelure d'oignon. Il ne se moquait même pas du monde, il n'était d'ailleurs pas assez roué pour cela ; non, il faisait tout simplement commerce de produits anodins, préférant faire confiance à la nature plutôt qu'à ses talents qu'il savait très modestes. De temps en temps, un malade en phase terminale guérissait spontanément et, comme la rumeur lui attribuait généreusement cette guérison inespérée, sa notoriété avait rapidement franchi les limites du Vexin, au point d'attirer des malades d'Evreux et même de Paris. On s'arrachait ses services, alors il ramassait tout ce qu'il trouvait le long des chemins pour remplir ses bocaux d'apprenti sorcier.

Et c'est ainsi que, durant l'été, il cueillait, par exemple, l'eupatoire chanvrine dont le nom est tout un programme : comme ses feuilles ressemblent à celles du chanvre (du cannabis) et qu'« eupatoire » désigne le fait de bien se porter, il se disait que cela ne pouvait pas faire de mal à ses patients de boire une petite lampée de bouillon d'eupatoire ! Une cuillerée de « pas d'âne » pour calmer les toux persistantes, trois gouttes d'extrait de digitale pour relancer les vieux cœurs : notre guérisseur ne faisait pas de miracles, mais ses clients étaient contents.

C'est par un jour gris de septembre que l'honnête charlatan obtint son plus beau résultat. Transportée en litière de Versailles à Villers, une marquise en bout de course le supplia de mettre un terme à ses douleurs. Trop nourri, son vieux corps de fêtarde ne parvenait plus à éliminer l'acide urique qui stagnait douloureusement dans toutes ses articulations. Appâté par les promesses sonnantes et trébuchantes de sa vieille patiente, le guérisseur se souvint des vertus des colchiques dont la chanson rappelle qu'ils fleurissent à la fin de l'été. Quoique qualifié de « tue-chien », le colchique serait son « prolonge-marquise » ! Le pollen et le bulbe de cette plante vénéneuse contiennent en effet un alcaloïde efficace contre les rhumatismes et la goutte. Avec les plantes toxiques, tout est question de dosage. C'est ce que rappellent les deux serpents entrelacés du caducée : l'un pique et l'autre soigne. Là où croît le danger croît aussi ce qui sauve : le venin et l'antidote s'entendent comme larrons en foire, comme le bacille et le vaccin, comme le douanier et le contrebandier, comme l'amour et la haine…

« *Colchiques dans les prés, fleurissent, fleurissent ; colchiques dans les prés, c'est la fin de l'été* », chantait Christophe Ozanne en récoltant le « safran bâtard » du crocus d'automne. Il n'eut en fait qu'à mélanger la poudre dorée, si patiemment récoltée, à un peu de vin sucré pour calmer les douleurs de sa cliente fortunée. Elle avait trouvé à se loger au château de Villers, tout comme le marquis de Coulanges qui, en sa présence, écrivit un soir à madame de Sévigné, sa cousine : « *Christophe Ozanne est un laboureur, mais un homme admirable pour la guérison de tous les maux. Les cancers, la gravelle, les ulcères, rien ne tient devant lui ; on ne parle que de cures étonnantes qu'il fait et de son désintéressement.* »

« Cures étonnantes » ou pas, les colchiques tirent leur nom de la Colchide, ce royaume que la princesse Médée rendit célèbre en empoisonnant sa rivale, et ce diable de « safran des prés » reste un poison difficile à manier. Les potions au pollen du laboureur apprenti sorcier n'avaient guéri la marquise de sa goutte que pour l'empoisonner plus sournoisement, comme le font tous les alcaloïdes, de la cocaïne à la morphine en passant par la nicotine et la caféine. Morte de reconnaissance, si l'on peut dire, la marquise ne manqua pas de léguer quelque argent à son bienfaiteur, lui attribuant, à juste titre d'ailleurs, les six mois de répit que lui avait laissés sa maladie.

Méfions-nous des bienfaiteurs qui nous promettent la lune et des belles plantes qui nous font les yeux doux ! Boniments et potions ne doivent être avalés qu'avec d'infinies précautions. Et si, un jour, quelqu'un vous affirme qu'il veut faire votre bonheur, à grand renfort d'*« Essayez donc »* et autres *« Vous verrez comme c'est bon »*, remerciez-le poliment en repensant à la marquise tuée en quelques mois par une fleur des prés et un *« homme admirable »* !

La tentation de Séraphin

Sous le règne du promoteur de la poule au pot dominicale, c'est-à-dire au temps du très vert et très galant Henri IV, un homme pieux, répondant au doux nom de Séraphin de la Noue, vint s'installer à deux pas de la fontaine Saint-Flaive, c'est-à-dire à Ermont ou Sannois, on ne sait plus trop, même si c'est à Ermont qu'on peut encore prier saint Flaive, dans l'église qui porte à la fois son nom et celui d'Etienne, le premier diacre de Jérusalem.

Toi qui es affublé d'un prénom pareil - Séraphin, non mais, je vous jure ! Et pourquoi pas Zéphyrin pendant qu'on y est ? - tu peux légitimement regretter le manque de jugeote de tes géniteurs ou, au contraire, t'enorgueillir de porter un prénom céleste qui t'apparente *ipso facto* au gratin des anges ; mais le Séraphin d'Ermont n'avait ni ailes ni harpe et ne se prenait vraiment pas pour un élu emplumé, préférant vivre seul dans son humble chapelle et se consacrer à la prière et au jardinage, au lieu de perdre son temps à faire entendre sa voix dans les stériles débats de son temps sur le sexe des anges.

Eve, Jésus et saint Antoine lui ayant ouvert la voie, le pieux Séraphin, comme ses illustres prédécesseurs et malgré son indéniable bonne volonté, fut un jour induit en tentation par celle avec qui l'homme sans femme est toujours en mauvaise compagnie, je veux parler de Dame Solitude qui se plaît, comme chacun le sait, à altérer la raison de celles et ceux que leur quête de la sainteté condamne aux glands frits et aux navets à l'eau.

Séraphin faisait donc partie de ces hommes de bien qu'un rien nourrit et que tout laisse indifférents. Tout sauf Dieu, cela va de soi. Tout ? Pas tout, à vrai dire, malgré sa bonne foi et de louables efforts… Une fois par semaine, en effet, une créature venait chercher de l'eau à la fontaine Saint-Flaive et le saint homme ne pouvait s'empêcher de la guetter comme un vulgaire collégien. La créature était une jeune femme, belle à se damner, qui chantait comme un rossignol et sentait bon le frais. Parmi les sens que la solitude développe, l'odorat n'est pas en reste et le saint homme sentait venir la belle tentatrice à plus de deux cents pas.

Réduit au rôle ingrat d'admirateur silencieux, il se morfondait dans son buisson et commençait à se demander s'il n'allait pas finir par faire une petite entorse à ses vœux.

Un jour, il n'y tint plus. Comme une brise légère convoyait jusqu'au chœur de son petit oratoire le parfum léger de la belle, d'avance il demanda pardon au Père, au Fils et au Saint-Esprit et sortit en trombe - pour une fois, sans se cacher - de la maison de Dieu, pour se précipiter vers son Esméralda. Mais le pauvre Séraphin allait vite s'apercevoir que n'est pas Phœbus qui veut…

- Bonjour, mon père ! lui dit tout uniment la divine créature, en découvrant, pour le damner, une dentition plus blanche que l'albâtre. Elle avait une taille de guêpe, une poitrine de déesse de la fécondité et des cheveux plus dorés que les rayons du bon soleil de juin qui inondait de chaleur douce ce petit coin perdu où une âme s'était mise en danger, à force de jeûner et de se priver de tout.

- Bon… bonjour, finit-il par bredouiller, provoquant du même coup le rire séraphique du démon de ses rêves.

- Est-ce moi qui vous fais bafouiller, mon père ? Vous savez, malgré vos précautions, je vous aperçois souvent dans votre buisson favori, quand je remplis mon seau : ce n'est pas très chrétien de se rincer l'œil à mes dépens ! D'ailleurs, c'est plutôt votre museau que vous devriez rincer car, même quand je ne vous vois pas, votre odeur vous trahit. Un petit bain ne vous ferait pas de mal, vous savez : on n'attrape pas les mouches avec du vinaigre ! Allez, à vendredi prochain ! Sans rancune, l'abbé, et repensez bien à ce que je vous ai dit !

Séraphin resta pétrifié. Il ne mangea rien jusqu'au soir et Dieu, ce jour-là, fut privé de louanges. Prostré jusqu'au jeudi, l'ermite se décida enfin à sortir de sa chapelle à la nuit tombante, non pour faire pénitence, mais pour prendre enfin un bain dans la fontaine, afin de ne plus incommoder l'effrontée qui l'avait si magistralement remis à sa place. Hélas, quand on a perdu l'habitude du gant de crin et du savon - tous les préadolescents vous le diront -, les retrouvailles avec l'eau fraîche sont parfois déchirantes. En plus du manque d'habitude, Séraphin souffrait d'une pudeur maladive, aggravée par un mépris sincère pour les vains artifices du paraître et de la séduction. Mais bon ! à la guerre comme à la guerre : il avait beau n'avoir aucune chance avec la belle aux dents d'albâtre, il lui fallait bien se laver s'il ne voulait pas être à nouveau la cible de ses sarcasmes ! Et puis le bain, c'est comme la chaise percée et le cimetière : quand faut y aller, faut y aller !

Malgré toutes ses bonnes résolutions, il resta bien une heure à tergiverser devant la fontaine, avant de se décider à enlever ses sandales et à s'extraire de sa bure malodorante. Nu comme un ver, il plongea d'abord ses pieds crasseux dans la fontaine d'eau glacée et commença à les frotter prudemment avec une poignée de foin. De fil en aiguille et des pieds à la tonsure, il entreprit alors de débarrasser son corps des saletés incrustées et de l'odeur insistante que les vrais saints entretiennent jalousement pour rappeler aux profanes que, si l'argent n'a pas d'odeur, il en va tout autrement de la vertu. Il finit par prendre goût à ces ablutions nocturnes, au point de s'immerger complètement dans le bassin moussu de la vénérable fontaine. Il se frotta tant et si bien que sa peau rougie finit par sentir un peu plus l'homme et un peu moins le vieux bouc.

Séraphin sortit de l'eau fraîche à l'heure où les premières lueurs de l'aube commençaient juste à rendre visibles la fontaine, les arbres les plus proches et… le visage moqueur de la jolie porteuse d'eau qui, depuis un bon quart d'heure, riait sous cape des efforts de l'ascète. Alors, comme il se précipitait vers la chapelle en masquant de son mieux ce qui lui faisait honte, son cœur de solitaire fut brisé à jamais par un immense éclat de rire qui ramena le saint homme à la raison, aux oraisons et aux bonnes vieilles privations.

La belle ne revint plus jamais et Séraphin considéra son égarement passager comme une épreuve décisive sur le chemin caillouteux qui mène à la sainteté. Un an plus tard, comme l'ermite venait de s'assoupir en lisant la Genèse, le diable vint une dernière fois le tenter, sous les traits d'un ravissant sosie de la porteuse d'eau qui prétendit s'appeler Eve, avant de lui proposer un « *fruit agréable aux yeux et désirable pour acquérir l'intelligence »*. Comme il allait s'en saisir, l'un et l'autre entendirent soudain *« le bruit de Yahweh se promenant dans le jardin »* et ils durent se cacher *« au milieu des arbres »*.

A ce moment, l'ermite se réveilla en nage et il n'eut pas trop du reste de sa vie pour demander pardon à Dieu d'avoir si mollement résisté aux assauts du démon de midi.

Des yeux neufs

Astigmates, daltoniens, myopes et presbytes, voici une légende qui devrait vous mettre du baume aux yeux ! Ne soyez plus jamais d'humeur aqueuse : ce que vous allez lire va s'imprimer sur votre rétine, rejoindre votre encéphale, *via* le nerf optique, et vous jetterez bientôt un œil neuf sur vos problèmes de vue, foi d'hypermétrope !

Or donc, écoutez la belle histoire du miraculé de Genainville !

Tout a commencé dans le *conciliabulum* des Vaux-de-la-Celle, sur le territoire de la commune de Genainville, tout près de l'actuel musée de Guiry-en-Vexin. Le *conciliabulum*, c'était une vraie machine à intégrer les populations locales, aux IIe et IIIe siècles de notre ère. Autour d'un temple et d'un amphithéâtre, les Romains réalisaient de tels sites, afin que les paysans gaulois se retrouvent et prient conjointement Mercure et leur déesse de la fécondité, la généreuse Rosmerta. Les occupants favorisaient ce double culte ; ces lieux de rassemblement leur servaient, en outre, de vitrines de l'art et des innovations romaines.

Les eaux de ce sanctuaire passaient pour avoir des propriétés curatives. C'est resté une tradition dans le Vexin où, il n'y a pas si longtemps, on tamponnait encore ses yeux d'eau de la source de Saint-Clair-sur-Epte. Voir clair grâce à saint Clair, pourquoi pas ? La « théorie des signatures » suppose bien que les végétaux soignent les parties du corps qui leur ressemblent, alors pourquoi saint Clair ne ferait-il rien pour nos yeux ? Allez donc manger quelques cerneaux de noix et vous verrez que votre cerveau n'en fonctionnera que mieux ! Et pendant que vous y êtes, demandez donc à saint Sylvestre de superviser votre prochain réveillon et à sainte Suzette de préparer les desserts !

Mais revenons à nos globes oculaires, à notre sanctuaire gallo-romain et à notre miraculé du IIe siècle ! Il s'appelait Genest et possédait un lopin de terre, sis à un bon jet de flèche du temple de Rosmerta, sa déesse préférée. Genest avait une gentille petite femme et deux grands gaillards de fils qui l'aidaient bien dans les travaux des champs. Toute la famille vivait dans une humble maison de bois et de torchis, et la vie était douce, en ce temps-là, grâce aux occupants romains qui avaient énergiquement sécurisé la région. Gaulois de la tribu des Véliocasses, romanisé de son plein gré et heureux de vivre, Genest allait souvent au sanctuaire, moins pour prier que pour rencontrer d'autres paysans, mais aussi des Romains installés en Gaule et des pèlerins venus se plonger dans les bassins aux eaux miraculeuses, à ce qu'on disait. Il se passait toujours quelque chose au sanctuaire rural des Vaux-de-la-Celle. Avec sa petite famille, Genest aimait tout particulièrement assister aux représentations théâtrales. Ses fils lui traduisaient les meilleures répliques, son latin étant encore limité au minimum vital, tandis que ses enfants avaient, en quelque sorte, « attrapé » la langue de l'occupant. Les murs entièrement peints du temple lui servaient, par ailleurs, de grand livre d'images, et il ne se lassait pas d'admirer les femmes de pierre ou de chair qui donnaient au site son attrait incomparable. A quelques centaines de pas de l'enceinte sacrée, une auberge se signalait par son enseigne rouge et, comme on n'y avait jamais froid grâce à un ingénieux système de chauffage par le sol, il aimait y boire un pichet de vin, à la morte saison, en joyeuse compagnie. Bien que le site de Genainville fût situé à trois milles de la chaussée Jules César, les soldats romains faisaient souvent un détour par cet endroit chaleureux, et l'on quittait volontiers sa villa pour venir écouter ces joyeux échotiers qui avaient vu Lutèce et retournaient à Rome.

Un soir d'hiver, Genest abusa tant et si bien du mauvais vin de la taverne qu'il eut du mal à retrouver son chemin. Détrempé par des pluies interminables, le vallon n'était plus qu'un sournois marécage, et ce qui devait arriver arriva : le Gaulois éméché perdit soudain l'équilibre et tomba violemment la face contre terre. S'il n'y avait eu que de la boue dans ce chemin plus creux qu'un ventre affamé, ce n'eût pas été bien grave mais, cette fois, Genest ne s'en tira pas avec quelques bleus et une épaisse couche de glaise sur ses braies de travailleur. En tombant, il ressentit une douleur suraiguë au visage et, aussitôt dégrisé, comprit qu'il venait de perdre un œil, et peut-être même les deux, en heurtant de plein fouet un caillou pointu que la boue submergeait. Il n'aurait sans doute jamais retrouvé sa maison sans ses fils, partis à sa recherche à la demande de leur mère et qui, par chance, entendirent le cri terrible qu'il poussa en tombant. Genest n'eut pas à se justifier, cette fois, et sa femme le soigna sans lui faire le moindre reproche.

Deux mois plus tard, un des prêtres du temple de Mercure vit arriver, par la voie dallée, un homme portant un bandeau sur l'œil droit et qui s'aidait d'une canne pour avancer vers les bassins sacrés. L'entrée du temple était interdite aux profanes qui avaient juste le droit d'en faire le tour, en empruntant une galerie de circulation prévue à cet effet, mais le prêtre fit une exception pour cet infirme qu'il venait de reconnaître. Genest ne voyait plus que d'un œil, et encore cet unique œil valide était-il bien diminué, lui aussi ! Le prêtre l'accompagna jusqu'au bassin et l'aida à se tamponner les paupières d'une eau glacée qui, curieusement, lui brûla les yeux. Genest dut s'asseoir sur la margelle de la fontaine consacrée aux nymphes : touchées par sa prière simple et confiante, ces charmantes divinités des sources venaient de lui rendre la vue, et c'est pour cela qu'on a retrouvé, au fond d'un des bassins, juste à côté de la statue de Rosmerta (immergée, quant à elle, après le départ des Romains, afin de la protéger des invasions barbares), un ex-voto patiemment sculpté par Genest lui-même dans un bloc de calcaire que sa charrue avait heurté, à la saison des labours. Pour remercier les nymphes, mais aussi Mercure et Rosmerta, de lui avoir rendu ses yeux, cet homme simple n'a représenté que sa tête ; sa tête de miraculé, mais aussi celle qu'il avait durant les semaines où il a attendu que ses plaies se referment : un bandeau de calcaire masque donc ses yeux, mais sa bouche éclate de rire. Les divinités des eaux n'ont pu qu'être touchées par ce « merci de pierre » qui ferme poliment les yeux (sans doute pour n'avoir rien à reprocher à ses gracieuses mais polissonnes bienfaitrices), mais ne peut s'empêcher de célébrer le bonheur de disposer de tous ses sens pour contempler le monde, le tout dans un immense éclat de rire qui, depuis dix-huit siècles, résiste au temps et à la mort.

L'ange gardien des marcassins

Le château de la Chasse est une imposante bastide en grès, bâtie au XIIe siècle pour Matthieu Ier, baron de Montmorency, l'illustre connétable de France qui avait bien besoin, dans la forêt qui porte encore son nom, d'un rendez-vous de chasse confortable pour se remettre de ses campagnes.

Non loin de ce château aux tours écimées, il ne reste de l'ermitage de Sainte-Radegonde qu'une fontaine dont on vanta longtemps les pouvoirs miraculeux. Au temps où cet ermitage était un prieuré connu sous le nom de Notre-Dame-de-Bois-Saint-Père, le noble Robert de Piscop vint un jour chasser sur les terres du monastère et, croyant apercevoir un sanglier, tua d'une seule de ses flèches un certain Uriel, frère convers de son état, qui avait eu le malheur de s'aventurer en forêt sans crier tous les cinq pas : « *Je suis un homme, pas une bête, ne tirez pas !* »

Vous aimez les promenades en forêt ? Alors n'oubliez jamais votre armure rouge vif et votre drapeau blanc, si vous ne voulez pas qu'il vous arrive ce qu'il advint au pauvre moine ; car, il faut bien le dire, le fait d'avoir troqué l'arc contre le fusil n'a pas transformé en flèches la totalité des chasseurs d'aujourd'hui…

Le tueur de moine fut jugé, certes, mais, noblesse oblige, on l'acquitta. Une croix indiquait encore, il y a un siècle, l'endroit où le pauvre jeune homme fut confondu avec un sanglier, tout près de la tombe du naturaliste Bosc, à quelques pas du château de la Chasse.

Tous ces gens sont morts, me direz-vous, et il ne reste plus, pour témoigner en faveur de ce pauvre diable d'Uriel, qu'un château fort lilliputien, une fontaine maigrelette et quelques tombes oubliées. C'est vrai, et pourtant ce site très fréquenté est resté le quartier général d'une ombre, celle du moine assassiné qui consacre sa vie d'ombre à veiller sur les animaux de la forêt. Comme on peut s'en douter, il a un faible pour les sangliers avec lesquels il a malheureusement été confondu. Si Francis Jammes rêvait de monter au ciel en compagnie de ses amis les ânes, c'est à califourchon sur le dos d'un bon gros sanglier que le moine transpercé sera sans doute surpris, le jour du Jugement dernier. Ce sont surtout les marcassins qu'il couve de son ombre tutélaire. C'est pendant les trois premiers mois de leur existence qu'il les préfère, lorsqu'ils sont encore patauds comme de jeunes chiens et rayés comme des doryphores. Chargé, au monastère, des tâches les plus ingrates, il n'était encore qu'un très jeune frère lai lorsqu'on le confondit avec une proie ; c'est sans doute pour cette raison qu'avec la même énergie, il défend les grognonnes mamans des marcassins que sont les laies. En fait, il aime toutes les bêtes, c'est pourquoi il déploie tant d'énergie, en forêt de Montmorency, pour protéger chevreuils et sangliers, en particulier les jours de chasse au gros gibier qui, régulièrement, transforment la forêt en champ de tir et les promeneurs en intrus. Ces jours-là, il détourne l'attention des chasseurs et ouvre des passages secrets à ses protégés. Enfin, il fait de son mieux, et ce n'est déjà pas si mal.

Ce fantôme au cœur tendre n'existe peut-être que dans mon imagination mais, comme les elfes et les nymphes, il incarne la vie secrète de nos forêts et représente ce qu'il y a de meilleur en nous, du refus de la prédation au respect de toutes les formes de vie. Alors, si un jour, en forêt, l'envie te prend de faire un carnage dans un carré de muguet, de combler l'entrée d'un terrier ou de détruire un nid, invoque sans délai le frère Uriel qui sommeille en toi et, tu verras, tu te sentiras mieux d'avoir refusé un billet de sortie aux monstres dépoitraillés qui grenouillent et tournicotent dans les bas-fonds de ton âme !

Le blanc fantôme de la motte

Comme il se réduisait à une tour carrée et que les châteaux de bois sont aux châteaux ce que les chevaux de bois sont aux chevaux, le tout premier château de Montmorency ne servit qu'à réchauffer les doigts gourds et gercés d'une poignée de pirates, venus tout exprès du froid pour lui mettre le feu. C'était un château pour rire : la prochaine fois, on ferait mieux, promis, juré !

Les Vikings ayant troqué leurs triques contre des trucs qui fichent moins le trac, et les châteaux de paille ceints de palissades ayant laissé la place aux châteaux forts et aux remparts, François Ier marqua le coup en érigeant en duché-pairie la jolie baronnie du connétable de Montmorency. Un bon siècle plus tard, le peintre Charles Le Brun se fit construire un « petit château », complété au XVIIIe siècle par le « grand château » de Pierre Crozat qui tomba dans l'escarcelle du maréchal de Luxembourg. Mais, comme rien ne résiste aux drakkars tout-puissants du temps et de l'oubli, de ce château bâti pour affronter l'éternité, il ne nous reste plus qu'une orangerie dans laquelle les petits Montmorencéens font désormais leurs gammes ou des pointes. A sa place, on a bâti - à la fin du XIXe siècle, mais dans un style qui se voulait Renaissance - un château auquel le duc de Dino a laissé son nom, comme en témoignent les grilles ornées de deux « D affrontés » que coiffe une couronne ducale. Il est amusant de noter que la motte primitive fut bâtie en 886 et que c'est en 1886 que le duc de Dino fit l'acquisition de l'actuel château. Mille ans séparent donc ces deux châteaux, auxquels il convient de rajouter quatre siècles pour passer de l'Histoire à la légende, car ce n'est pas dans un château de bois ou de pierre que je vous invite maintenant à suivre le jeune Séverin, mais bien dans une forteresse d'une tout autre espèce, perchée sur une motte de rêve et hantée par un fantôme plus pâle que la neige et plus beau que le premier matin du premier jour des hommes.

Il faisait un froid de loup, mais Séverin était aux anges, car la neige avait transformé la forêt en parchemin et l'analphabète qu'il était en lecteur averti. En cette veille de Noël, les sangliers couraient la gueuse, au point d'en oublier que les hommes avaient faim. Ici, le livre blanc révélait au chasseur qu'une compagnie de sangliers venait de remuer terre et neige pour dévorer vers et racines ; plus loin, une page cochonnée trahissait les amours de ses proies favorites. Il y aurait de la viande pour sa femme et l'enfant qu'elle portait ! Il n'avait pas 20 ans, mais il était déjà plus homme que la plupart des hommes. La bise lui fouettait si bien le sang qu'il se sentit soudain le maître de l'épaisse forêt qui, tout autour de lui, semblait monter à l'assaut du promontoire rocheux que les vieux du village s'obstinaient à nommer *Mons Morentiacus*, comme si les Romains encombraient encore la butte de leurs autels impies ! De là-haut, par temps clair, on distinguait Lutèce, dont Clovis venait de décider de faire la capitale de son royaume, en cette année 486 - encore une date importante que termine un « 86 » - qui était aussi celle de sa victoire sur l'armée de Syagrius, le dernier représentant de l'autorité romaine. Séverin écarta les bras et ferma un instant les yeux pour humer l'air glacé et prendre part au grand bonheur des Francs. Lutèce ne serait plus jamais une bourgade romaine, ni même gallo-romaine ; et puisqu'elle avait été fondée par les *Parisii*, ses ancêtres, *Lutecia Parisiorum* n'avait plus qu'à devenir Paris ! Séverin aimait le changement, et ce Clovis faisait enfin souffler un vent nouveau jusqu'au mont Morency, au pied duquel ses parents étaient venus se fixer et où lui-même se préparait à faire souche.

Il en était là de ses réflexions, quand une laie se mit à grogner à quelques pas de lui. Il banda son arc et prit le temps de viser, mais, au moment où il allait décocher sa flèche, la bête disparut. Il y avait de la magie là-dessous, foi de chasseur : cette laie, il ne l'avait pas quittée des yeux et le sol enneigé n'avait pas gardé la moindre trace de sa proie évanouie !

Soudain, en lieu et place de la lourde femelle, il aperçut une silhouette fine, toute de blanc vêtue, qui semblait lui sourire. Séverin se frotta les yeux. Il devait rêver, il allait se réveiller et la grande dame blanche redeviendrait une laie rousse et grasse ! Mais il eut beau frotter ses paupières à s'en arracher les cils, il dut se rendre à l'évidence : une dame jeune, au visage clair, lui faisait vraiment signe, comme dans ses rêves d'adolescent... Certes, les sangliers étaient en rut, comme chaque année de novembre à janvier mais leurs bruyants excès ne risquaient pas de lui donner des idées, d'autant plus que ce fantasme en robe blanche lui inspirait beaucoup moins de désir que de curiosité. En tout cas, ce n'était pas un succube lascif qui lui faisait signe, mais bel et bien une femme de chair et de sang, tout comme lui. Enfin... presque comme lui, et il n'allait pas tarder à s'en apercevoir. Très vite, en effet, le jeune homme dut se rendre à l'évidence : si la belle lui faisait signe et se retournait tous les trois pas pour voir s'il était toujours là, elle maintenait visiblement, entre elle et lui, une distance très étudiée, comme le font les bêtes sauvages lorsqu'elles tolèrent qu'on les suive. Une force inexplicable empêchait Séverin de la quitter des yeux. Il ne s'appartenait plus, il était son féal, il allait la sauver !

Après moult détours, la dame suitée revint au point de départ de cette étrange promenade, sur la butte enneigée que le jeune homme aimait ; mais il ne put le reconnaître, ce mont que coiffait désormais un château de cristal ou de glace. On voyait à travers, comme s'il eût été fait d'air. Le seul, l'unique voyage, c'est de changer de regard ; c'est pourquoi cette étrange expérience, en lui ouvrant les yeux, fut une révélation pour ce novice au cœur pur qui ne connaissait du monde qu'une vallée boisée surmontée d'une motte, au nord-ouest de Lutèce. La dame gravit les marches du château transparent et se laissa rejoindre. Ayant posé une main glacée sur les lèvres du jeune homme, elle lui fit signe de se taire. Elle s'appelait Gwenhyvar, c'est-à-dire « blanc fantôme ». Sans lui en dire davantage, elle le pria de la suivre. Dans son palais de cristal, d'immenses salles vides se succédaient interminablement. Séverin remarqua qu'il régnait, dans ce château fragile, une odeur fauve de bête sauvage dont il ne comprit l'origine qu'en arrivant dans la dernière salle, envahie par une harde de sangliers étrangement silencieux qui tournaient autour d'une sorte de trône de glace, muni d'un coussin de paille, sur lequel se vautrait un mâle hirsute dont l'énorme groin mobile faisait danser des défenses dont la bête semblait très fière. La cour de ce souverain grotesque se composait exclusivement de sangliers muets, occupés à se goinfrer de friandises ignobles, savamment disposées sur des plateaux de glace, posés à même le sol pour satisfaire les gloutons les plus exigeants. Bulbes et racines en robe des champs, vers de terre à la croque-sans-sel et escargots au naturel : rien ne manquait, à condition, bien sûr, d'aimer les mets rustiques servis sans façon sur un plaid de boue. Son sang de chasseur commençait à bouillir et son arc à le démanger. C'en était trop, il allait falloir qu'elle s'explique ! Il visa un marcassin pour l'obliger à réagir. Gwenhyvar n'y manqua pas, en effet, et ce qu'elle lui confia, après avoir arrêté son geste, acheva de semer le trouble dans sa cervelle déjà mise à rude épreuve.

La dame blanche parlait un dialecte celtique que le jeune homme comprenait mal, comme si elle eût utilisé une langue morte ou très ancienne ; pourtant, il finit par comprendre qu'un siècle auparavant, ce château avait des murs et ses hôtes des jambes. Dans ce royaume où chacun avait pourtant le droit de faire tout ce qui lui semblait bon, une seule loi régissait les rapports entre les hommes et les femmes, et elle stipulait que l'on devait vraiment aimer qui l'on disait aimer. Faire semblant d'aimer était un crime plus grave que de voler un bœuf ou de frapper son voisin. Dans ce royaume, les mères élevaient leurs enfants dans le culte de l'amour et le respect des sentiments ; chacun finissait par trouver sa chacune, mais l'on s'aimait sans trop se le dire, pour ne jamais contrevenir au devoir d'aimer et au droit imprescriptible d'être aimé. Le père de Gwenhyvar était un roi très sage et sa cour brillait d'un éclat mérité. Les écrivains du royaume de Mondenvray ne produisaient pas d'œuvres, du moins pas au sens où nous entendons habituellement ce vocable : les poèmes de Mondenvray étaient des mots d'amour, murmurés à l'oreille d'hommes et de femmes sûrs d'être aimés par des ciseleurs de paroles vraies. Ils parlaient de ces tendres projets qu'on ne confie qu'à ceux qu'on aime et qu'on se garde bien d'écrire. Il n'y avait donc rien à lire dans les bibliothèques du royaume et rien à admirer dans les pinacothèques, car les tableaux de Mondenvray, c'étaient les beaux visages sereins de toutes celles et de tous ceux qui se savaient aimés. Enfin, quand un sujet du roi Kulhwch ne trouvait vraiment pas chaussure à son pied, tout le royaume se mettait en quête d'un cœur libre de tout engagement, pour le présenter au mal-aimé, dans les meilleurs délais.

Hélas, il arriva qu'un jour le roi Kulhwch et la reine Manawyddan n'eurent plus rien à se dire. Pour faire plaisir à leur fille unique, la belle Gwenhyvar, ils se crurent obligés, le jour de son vingtième anniversaire, de se dire qu'ils s'aimaient. Mais ils ne s'aimaient plus, et la sentence tomba un mois après ce pieux mais imprudent mensonge. Après mûre réflexion, Amoragapê, dieu de l'amour et du désamour, décida en effet de transformer le roi, la reine et toute la cour en une gloutonne compagnie de sangliers muets.

Gwenhyvar échappa au châtiment suprême parce qu'elle était partie étudier le mot doux à l'université d'Avalon. A son retour, Amoragapê lui promit une remise de peine pour les siens, à condition qu'elle ramène au château un chasseur franc comme l'or qui, à l'instant précis où son premier-né pousserait son premier cri, décocherait une flèche dans la gorge du roi.

Pleine d'espoir - et fort bien informée par Kemennad, le messager des dieux - Blanc Fantôme annonça donc à Séverin que sa femme était en train d'accoucher. Comme il se ruait sans plus attendre vers la sortie du château, la belle le rattrapa et sut trouver les mots pour le convaincre de libérer d'abord le royaume de Mondenvray du maléfice qui, pour un pieux mensonge, la privait depuis cent longues années de ses parents et amis. Séverin tendit alors au maximum la corde de son arc et ce fut au moment même où, par amour ou par magie, il entendit distinctement le premier cri de son enfant nouveau-né qu'il transperça la gorge du sanglier couronné qui cessa aussitôt de grogner, pour parler à nouveau comme un homme de son rang. Sa femme et tous ses courtisans perdirent alors groins et soies et il se fit un beau vacarme à la cour du roi Kulhwch ! Séverin ne se laissa pas congratuler et, visiblement inquiet pour sa femme et son bébé, il tourna les talons et retourna chez lui pour couper le cordon…

Il ne revint qu'au printemps sur le mont Morency. Le palais de glace avait réintégré le Temps du rêve et le monde des sentiments. Il venait de pleuvoir et il ne restait plus, sur la butte, que les ruines d'un autel romain et une mare d'eau fangeuse, transformée en bauge par un vieux sanglier qu'il vit presser le pas, tandis qu'il parvenait au sommet de la motte. Tout lui parut alors si laid, qu'avant de se mettre à verser une larme inutile sur la désolante brièveté des instants de bonheur que nous accorde la vie, il préféra rejoindre sa chaumière, au pied du mont, car là, au moins, on l'attendait.

En hiver, la neige recouvre toutes choses et toutes choses sont belles ; sommes-nous préparés, je me le demande, aux laideurs du dégel ?

Eugène sauvé des eaux

Acte (odieux) I

- Il y a plus de soixante ans que nos collègues de Jérusalem ont crucifié le chef de leur secte, un charpentier de Nazareth qui se prenait pour le roi des juifs ou quelque chose comme ça. Le préfet de Judée venait juste de se laver les mains du sort de cet illuminé, alors j'aime mieux te dire que les collègues ont tout de suite compris ce qu'il leur restait à faire ! Ils lui ont sorti le grand jeu, au « roi des juifs » : il a eu droit à la croix, aux clous, au coup de lance et à la couronne d'épines ! Dans le genre, c'est ce qui se fait de mieux, tu verras, petit !

Mais le plus incroyable dans cette affaire, c'est que la perte de leur gourou ne les a pas calmés, ces fanatiques ! Tiens, le bleu, l'an passé, près de Lutèce, c'est moi et personne d'autre qui ai liquidé - et « liquider », c'est le mot, tu vas voir - un certain Eugène, venu tout exprès de Tolède pour bassiner les gens avec les exploits du Nazaréen. Dans le cas de mon client, l'empereur Domitien venait juste de rouvrir la chasse aux chrétiens, alors je ne me suis rien refusé, tu peux me croire. Faut dire qu'en Gaule, ceux qui évangélisent commencent à sérieusement échauffer les oreilles de ceux qui romanisent ! Il a eu droit à la totale, l'évêque ! Il ne l'a pas fait pour rien, le voyage de Tolède à Deuil, ah ça, non ! Je crois que mon martyr, comme ils disent, était devenu archevêque. Il avait été envoyé là-bas pour convertir les Ibères, mais comme on avait décapité son ami Denis, évêque de Lutèce de son état, l'Eugène dont je te parle a commis l'imprudence de revenir en Gaule pour vanter les mérites du charpentier. Dis donc, l'aubergiste, il arrive ce pinard, oui ou non ? Bon, où en étais-je ? Je perds le fil avec tout ça, moi ! Ah oui, je te parlais du type que j'ai décapité et jeté dans un lac. Ça m'a valu une prime et deux jours de permission ce petit travail-là, mine de rien !

Le légionnaire romain qui racontait ces horreurs à une nouvelle recrue rencontrée par hasard dans une taverne de Lutèce, située à l'angle du *cardo Maximus* (l'actuelle rue Saint-Jacques) et du *cardo* secondaire (devenu le boulevard Saint-Michel), était un vétéran de l'armée romaine qui, après vingt ans de bons et loyaux services, comme on dit, se préparait à retourner à Rome. Il aurait mieux fait de se taire, me direz-vous, mais les soldats croient tellement servir leur patrie, même quand leur mission consiste à torturer un de leurs semblables, qu'il n'est pas certain qu'il faille en vouloir à cet exécuteur des basses œuvres de l'Etat. L'année précédente, il avait martyrisé saint Eugène avec le même sentiment d'impunité que nous autres quand nous écrasons un insecte qui ne nous a rien fait. Ce légionnaire s'appelait Marcus. Il avait des amis, des enfants, quelques valeurs morales héritées d'une mère aimante et d'un père un peu strict. C'était un homme « normal » en quelque sorte, à qui on avait confié une mission de la plus haute importance, en cette année 95 où l'empereur Domitien ne badinait pas avec les empêcheurs de vénérer Mercure ou sa propre personne. Parce qu'il était venu annoncer ce qu'il considérait comme une « bonne nouvelle », Eugène avait été arrêté, torturé et jeté par Marcus et consorts dans le *lacus Mercasi*, l'actuel lac Marchais de Deuil-la-Barre près duquel, en ce temps-là, les Gaulois vénéraient leurs dieux et, accessoirement, ceux des Romains.

Le saint n'avait plus beaucoup de chair sur ses pauvres os ; en coulant, son corps martyrisé ne fit qu'un petit rond dans l'eau et tout le monde l'oublia.

Acte (de foi) II

Eugène naquit en 15 et fut martyrisé en 95, le préfet Siscinius Fescininus n'ayant pas apprécié que cet étranger ait osé critiquer l'exécution de saint Denis. Un saint qui a le bon goût de mourir sur le territoire du futur Val-d'Oise, en l'an 95, c'est aussi inoubliable, pour nous autres Valdoisiens, que la crise de 29 pour les Finistériens, ou l'année des premiers pas de Neil Armstrong sur la Lune pour les Lyonnais ; alors, faisons tout ce qu'il faut pour ne pas l'oublier, ce cher homme, nom d'une relique !

Donc ce brave Eugène était au fond de son lac depuis plus de cinq siècles et, il faut bien le dire, tout le monde l'avait carrément oublié. Entre-temps, il y avait eu l'évangélisation de la Gaule (de 236 à 250), rapidement suivie des premières vraies persécutions de chrétiens sous l'impulsion de Dioclétien (de la fin du IIIe siècle au début du IVe) et, surtout, ce jour de l'an 313 où, en vertu d'un édit de Constantin, le christianisme était devenu la religion officielle de tout l'Empire romain. Alors les chapelles fleurirent en Gaule, et l'adoration des sources et des arbres centenaires fut peu à peu remplacée par un immense respect pour une forêt de croix de bois, plantées en souvenir du plus inoubliable des suppliciés. On christianisa donc les lacs, les temples et même quelques menhirs, à grand renfort de symboles érigés sur toutes les places, à chaque carrefour, au sommet des collines et même au bord des lacs. Et c'est alors que les moines furent chargés de rédiger d'édifiantes vies de saints qu'il leur fallut inventer, pour la plupart, car les saints ne courent pas les rues, comme chacun sait.

Et puis ce fut le temps des rois francs. En 451, Mérovée bouta les Huns hors du royaume et laissa son nom à une dynastie qui régna pendant trois siècles, celle des Mérovingiens. Clovis, son petit-fils, débarrassa la Gaule des derniers représentants de l'autorité romaine et se convertit à la foi catholique, puis Dagobert mit sa culotte à l'envers et les rois devinrent de gros fainéants, affaiblissant du même coup le pouvoir central et l'économie du pays, ce qui ouvrit grandes les portes à Pépin le Bref et aux Carolingiens, en 751. Vous y êtes ? Eh bien, c'est quelque part entre Mérovée, le roi fondateur, et Childéric III, le dernier Mérovingien - en bref, entre les Huns et Pépin - que se situe le deuxième acte de ce récit.

Le corps du saint reposait, on s'en souvient, au fond du lac Marchais depuis cinq bons siècles, quand le seigneur de Deuil, Groslay et Montmagny fit un rêve. Cet aristocrate avait la foi chevillée à son corps vigoureux de guerrier franc. Ce n'était pas la foi naïve du charbonnier, mais une foi mûrement réfléchie, nourrie de textes sacrés lus et relus durant les veillées d'armes et autres sièges interminables. Il s'appelait Ercold et habitait la *villa Diogilo*, comme la nomme une bulle du pape Alexandre III évoquant le prieuré de Deuil. L'homme croyait aux miracles et comme, dans son rêve, il avait vu, sous les traits d'un vénérable vieillard à barbe blanche, le saint qui commençait à se morfondre au fond de son lac et réclamait une sépulture décente, il ordonna à ses gens de se munir de perches et de fouiller le fond vaseux du marais qu'était alors le lac Marchais. L'eau croupie sembla longtemps n'avoir rien d'autre à offrir que d'énormes bulles malodorantes, mais, à force de touiller la vase, les serfs d'Ercold finirent par trouver ce qu'ils cherchaient, c'est-à-dire le corps, puis la tête de ce pauvre Eugène - car on a beau avoir été archevêque de Tolède et donc primat d'Espagne, après une décapitation et cinq siècles d'immersion, on redevient « le pauvre Eugène », saint ou pas saint. Et c'est alors que le Tout-Deuil-Montmagny-Groslay du début du VIIe siècle poussa un cri unanime, et ce cri fut un *« Oh! »* plein d'étonnement et de respect, car - ô merveille, ô miracle d'amour! - la sainte dépouille était intacte, comme celles de ces autres suppliciés que l'eau acide des tourbières du nord de l'Europe rend noircies, mais dans un état de conservation à rendre fous de jalousie les meilleurs embaumeurs de la vallée du Nil!

Un des chapiteaux historiés de l'église Saint-Eugène donne à voir la translation des restes du martyr. A sa manière, ce chapiteau rend aussi hommage au noble Ercold qui fit vraiment bien les choses en matière de « translation ». Ce noble franc n'était pas lié au palais mérovingien d'Epinay - mais si, vous savez bien, celui où mourut Dagobert - pour des nèfles! Pour honorer dignement la dépouille mortelle du saint martyrisé, il commença par faire sculpter un lourd mais confortable sarcophage de pierre, puis, comme cela se faisait beaucoup à l'époque - les bovidés étant considérés comme des animaux sacrés -, il fit charger le sarcophage et son précieux contenu sur un char attelé de bœufs, afin que cet équipage se dirigeât vers l'endroit où le saint désirait qu'on lui bâtît un sanctuaire. *Deo gratias*, les bêtes s'arrêtèrent fort judicieusement dans un champ appartenant au généreux organisateur de cette très chrétienne translation, si bien que ce terrain devint, *ipso facto* et sans autre forme de procès, la dernière demeure du saint. L'église Saint-Eugène a fini par remplacer l'oratoire construit pour abriter le sarcophage, devenu, on s'en doute, un lieu de pèlerinage ; d'autant plus que, chaque année, à la mi-novembre, probablement pour commémorer le martyre de saint Eugène, l'eau du lac prenait la couleur du sang du saint décapité. Des savants prétendent qu'il ne s'agissait pas d'un miracle, mais d'un phénomène très naturel dû à des algues microscopiques de couleur rouge, censées proliférer sur les feuilles décomposées par les eaux du lac. D'autres mécréants affirment que ces eaux rouges provenaient plutôt de ruisselets montmorencéens riches en oxyde de fer. De la rouille ou de la pourriture, je vous jure ! Les scientifiques sont décidément des hommes de peu de foi qui ont vite fait de vous inventer un Big Bang ou je ne sais quelle évolution des espèces, quand toutes les religions ne parlent que de la création miraculeuse de cette petite merveille qu'est l'homme ! Il faudrait retrouver le corps d'Eugène, le placer à nouveau sur un char à bœufs et lui demander de trancher - oh, pardon, le mot est mal choisi - entre toutes ces histoires pour savoir enfin laquelle de ces légendes est la vraie. J'ai bien ma petite idée, mais qui me la demande ? La rumeur publique nous accuse si souvent, nous autres conteurs de coquecigrues, de ne débiter que sornettes et fadaises, que je préfère vous laisser juges ; mais bon, si vous insistez, je vous dirai que cette histoire est assez belle pour être vraie et qu'il n'y a que la foi qui sauve, surtout celles et ceux qui ont gardé un cœur d'enfant…

Peste noire et magie blanche

Il faisait un froid de loup, et le château royal de Pontoise disparaissait peu à peu, sous l'action conjuguée du crépuscule et d'une brouillasse tenace qui embuait les tignasses et crachinait obstinément. Encore toutes fumantes d'avoir frotté à la cendre les chemises de leurs hommes dans les eaux glacées de l'Oise, deux matrones solidement charpentées se chamaillaient en revenant du lavoir.

- Mais si, j't'assure, Thérèse, qu'c'est l'père Galuchat qu'a sauvé le roi Philippe de la malepeste avec ses philtres dont tu te moques !

- Il ne l'a pas sauvé, Marie-Jeanne, c'est le roi qui s'est *ensauvé* tout seul avant que le mal ne vienne le prendre !

- T'as beau dire, moi j'en tiens pour Galuchat ; et si ce n'est pas lui qu'a sauvé l'roi, reconnais au moins qu'c'est lui qu'a arrêté le mal des vaches au père Raymond. Avant qu'il vienne y faire c'qui fallait, le Galuchat, l'troupiau de c'vieux grigou dépérissait qu'c'était pitié ! Même qu'ses vaches avortaient et qu'ses taureaux mettaient si peu de cœur à l'ouvrage qu'on aurait dit les eunuques du roi de Perse !
- Taratata, c'est des menteries, tout ça ! Les sorciers, moi j'n'y crois pas !

Thérèse avait tort ne pas y croire. Les rebouteux, tout le monde les redoutait, et on les ménageait, d'un bout à l'autre du Vexin. Le mauvais œil, c'était comme la malepeste : on avait tout intérêt à s'en garder comme du diable. Et puis c'était toujours le bétail qui trinquait, dans ces histoires de sorts jetés sur les incrédules qui, sans ces intimidations, auraient fini par ruiner le commerce des sorciers, guérisseurs et autres marchands de talismans ! Au beau milieu du XIVe siècle, on réglait volontiers ses querelles de voisinage à grands coups de crapauds cachés sous la paille et de chouettes clouées aux portes des étables. Or, le bétail, c'était sacré. Comme la famille et monsieur le curé, c'est dire !

Oui, décidément, la Thérèse-au-Julien, elle aurait mieux fait de se taire, car voilà-t-y pas que, tout soudain, une forme étrange apparut devant les yeux, pourtant bien ouverts, des deux femmes chargées de frusques humides. Ce fut la Marie-Jeanne qui le repéra la première, mais ce fut Thérèse l'incrédule, sa complice de toujours, qui s'aperçut, malgré la bruine, que ce cerf-là n'était pas une créature du bon Dieu, ah, ça non, alors ! Vous me croirez si vous voulez, mais ce cerf de malheur avait le derrière et les pattes griffues d'un ours des cavernes, et il parlait, en plus ! Mal, mais il parlait. Un peu comme un bègue aviné, si vous voyez ce que je veux dire. Il mit d'ailleurs un temps fou pour expliquer aux deux femmes qu'il avait effectivement aidé le roi Philippe à se garder de la peste, deux ans auparavant, et qu'il était devenu cette chimère après une petite erreur de dosage dans la préparation d'un élixir de jouvence. Allez, je ne résiste pas à la tentation de vous restituer son lumineux résumé de la petite erreur en question :

- Le gri… le grigri… le grimoire est fo… est fofo… est formel : trop de ci… de cici… de cinabre ou de bo… de bobo… de borax dans l'éli… l'élili… l'élixir et on se retrouve transformé en cerf, foi de Galuchat !

Il ne vous aura pas échappé que la fin du propos de la pauvre bête est moins hachée, mais c'est pour ne pas vous lasser, car le cerf à fesses d'ours avait la voix tellement pâteuse qu'il n'avait décidément pas dû ingurgiter que des bourgeons de noisetier et des rayons de miel ! Son histoire de philtre mal dosé avait même dû lui taper sérieusement sur les bois : pour tout dire, l'animal fantastique en tenait une belle et les caves dans lesquelles il avait visiblement fait une cure, avant de venir effrayer nos lavandières avec ses manières d'animal infernal, ne devaient pas être celles du futur établissement thermal d'Enghien-les-Bains !

Les deux Pontoisiennes eurent pitié de la pauvre bête qu'était devenu le père Galuchat ; alors, prenant leur mal en patience, elles l'écoutèrent raconter sa version de l'épidémie de peste noire qui avait emporté un bon tiers des Vexinois. Je vous ferai grâce de ce récit partisan et de la diction syncopée de notre apprenti sorcier, préférant m'en tenir aux faits enregistrés par les chroniqueurs de cette année terrible.

Depuis qu'une de ces bêtes gloutonnes avait provoqué la chute de cheval et la mort du fils aîné de Louis VI, la circulation des cochons était enfin interdite à Paris ; mais, en ce mois d'août 1348, les Pontoisiens jetaient encore le contenu de leurs pots de chambre et toutes leurs autres immondices devant chez eux, sur le pavé des ruelles, faisant ainsi le bonheur des chiens, des pourceaux et des rats, mais aussi des microbes, bactéries et autres germes.

L'un de ces bacilles heureux, le redoutable agent de la peste noire, voyageait en effet à dos de puce, depuis bientôt deux ans, à travers toute l'Europe. La ville de Marseille était contaminée depuis neuf longs mois et l'épidémie remontait chaque jour un peu plus vers le nord. Les quartiers insalubres des villes étaient les plus touchés. La peste noire se transmettait par les puces qui, en piquant les rats, contaminaient toutes les maisons. En attendant d'être frappés par l'ennemi invisible, les citadins n'avaient plus alors d'autre distraction que celle de regarder passer le fascinant cortège des charrettes bringuebalantes et des médecins masqués.

Les rats pesteux empestaient les pauvres gens et les nouveaux pestiférés n'avaient plus qu'à passer le bacille à ceux qui partageaient leurs immondes puciers. En allant chercher de quoi se barricader, on attrapait la maladie ; pour protéger les siens, on refermait sur eux les portes du malheur ; et le long des rues vides, chaque volet cloué pour éloigner la mort ajoutait une planche à l'immense cercueil. Sitôt nommés, le médecin des pestes et le chapelain des pestiférés rejoignaient leurs ouailles ou leurs patients dans les vastes antichambres du paradis qu'échevins et pères abbés faisaient creuser chaque jour, hors les murs, à un rythme d'enfer.

Et pendant ce temps, au château ? Patience, ami lecteur ! Après la parenthèse pesteuse, et avant de retrouver Philippe en sa demeure, il nous faut encore remonter le cours du temps. Un peu pour planter le décor, mais surtout pour cafter une ou deux majestés et cancaner vite fait bien fait, ni vu ni connu que j't'embrouille, comme une vraie commère ou un ancêtre médisant de nos bons vieux paparazzi.

Bâti au bord de l'Oise de 1103 à 1122, le palais royal de Pontoise était un édifice massif, tout hérissé de tours, que Saint Louis aimait particulièrement, tout d'abord parce qu'il était proche de ses chères abbayes de Maubuisson et de Royaumont, mais aussi parce qu'on pouvait s'y rendre en bateau et que, s'il faut en croire Jacques Le Goff, une barque de faible tonnage, *« c'est tellement plus simple pour les prières »* ! A vrai dire, l'autre grande raison de cette préférence était moins avouable et, en tout cas, moins pieuse, comme nous le révèle une note fort instructive du sire de Joinville qui fut, tout à la fois, le chroniqueur et l'ami du souverain canonisé : « *Le logis où le roi et sa femme aimaient le mieux demeurer, c'était Pontoise, parce que la chambre du roi était au-dessus de celle de la reine. Ils avaient ainsi accordé leurs affaires qu'ils s'entretenaient en un escalier tournant qui descendait d'une chambre à l'autre. Lorsque les huissiers voyaient venir la reine mère, ils battaient l'huis avec leurs verges. Alors le roi s'en venait en courant dans sa chambre pour que sa mère l'y trouvât. Et ainsi refaisaient les huissiers de la chambre de la reine Marguerite, quand la reine Blanche y venait, afin qu'elle y trouvât la reine Marguerite.* » On l'aura compris, Blanche de Castille ne se remettait pas de n'être plus régente du royaume et ne pardonnait pas à sa bru de s'être rendue maîtresse du cœur de son fils adoré. La mère était possessive et le fils était soumis. Il le lui laissait croire, en tout cas. Pour toutes ces raisons et quelques autres, Louis IX, dit Saint Louis, fut le dernier roi de France à résider durablement à Pontoise.

Soixante-dix-huit ans après la mort de ce petit saint qui jouait si bien à cache-cache, Philippe VI de Valois avait donc choisi de passer le mois d'août 1348 à Pontoise. Le château était une résidence royale, les Anglais ne s'en étaient pas encore emparés et la peste noire gagnait chaque jour du terrain : encore un peu grognon d'avoir été battu à Crécy et d'avoir tout récemment perdu Calais, ce cher Philippe avait cru judicieux de venir séjourner quelque temps dans cette région dévastée par la peste. Il n'en était plus à une erreur d'appréciation près, ayant déjà à son actif le déclenchement de la guerre de Cent Ans, une crise économique sans précédent, une ou deux bonnes vieilles famines des familles et la seule épidémie de peste de l'histoire de France responsable de la mort d'un tiers des Français. Le premier roi de la dynastie des Valois avait peut-être tout simplement la poisse.

La poisse ou le mauvais œil, allez savoir…

Il faut dire qu'une famille de rats des champs, fraîchement infestée par le bacille de la peste bubonique, venait, elle aussi, de choisir le château de Pontoise pour y passer le reste de l'été. « *Il ne manquait plus que cela !* » se serait sans doute exclamé ce brave Philippe, s'il avait su qui dévorait ses miches de pain et décimait son personnel. « *On n'est plus servi !* » aurait-il sans doute ajouté. Or donc, l'ennemi était déjà dans la place, quand le souverain de la très chrétienne « fille aînée de l'Eglise » jugea opportun de s'adresser à un guérisseur pour débarrasser son bon peuple de cette nouvelle plaie d'Egypte nulle en géographie.

L'homme s'appelait Galuchat et sa raison de vivre était d'empoisonner la vie des autres. Sorcier, rebouteux et jeteur de sorts, il donnait volontiers « le mal » aux vaches du canton, en déposant un crapaud baveux sous la dalle de seuil des granges de ses ennemis ou de ceux qu'on le chargeait de ruiner. Ses aimables prestations n'avaient certes pas de prix, mais elles avaient un coût, comme la santé des Français dont le bon roi Philippe commençait à se soucier, leur mal ayant fini par frapper dangereusement à sa royale porte. Il proposa donc au charlatan une bourse pleine d'or, une dispense d'impôts et deux ou trois autres petits privilèges, en échange d'un bon vieux remède populaire contre les bubons. Il faut dire, à sa décharge, que son fidèle chroniqueur venait juste de lui faire remarquer que l'épidémie commençait à faire penser à celles qui s'étaient abattues sur Athènes en 429 avant J.-C. et sur Rome en 165 après J.-C., sans oublier la peste des croisades que tout le monde avait encore en mémoire, aux quatre coins du royaume. Cette dernière ayant emporté Saint Louis, le boulet de la contagion commençait à échauffer les nobles oreilles de Sa Majesté, tandis que la panique provoquait, dans ses intestins princiers, d'étranges effets dont ses royales chausses portaient de plus en plus souvent les navrants stigmates. Tout indiquait qu'un recours à la magie devenait nécessaire, pour ne pas dire urgent. On ne se refait pas et on n'est pas « roi catholique » pour des nèfles : Philippe opta donc pour une sorcellerie sans recours aux mauvais esprits, pour cette « magie blanche » qu'il jugea bien adaptée au combat contre cette fichue peste noire qui menaçait effrontément sa royale santé et, accessoirement, celle de ses sujets.

Le père Galuchat vanta sa puissante pharmacopée, riche de toutes sortes de poudres de perlimpinpin, mais aussi de philtres et autres décoctions de têtards lyophilisés, avant de prononcer les paroles magiques qui séduisent les gouvernants (excellent rapport qualité-prix du recours aux puissances occultes, promotion estivale sur l'abracadabra, discrétion assurée, baguette magique et crapauds séchés en option). L'horoscope du monarque étant au beau fixe et l'état sanitaire du pays étant devenu carrément catastrophique, il ne risquait plus grand-chose en embauchant ce mage local dont la rumeur disait le plus grand mal, ce qui était bon signe.

Ce que le roi ignorait, c'est que son apprenti sorcier se piquait d'alchimie et que son principal souci était d'accélérer la maturation des métaux ordinaires afin de les transmuer en métaux nobles, en or par exemple. Il ne dédaignait pas non plus le « remède aux huit substances excellentes » des Chinois (prévoir, si sa préparation vous tente, du cinabre, du borax, de l'orpiment et du réalgar; les autres ingrédients étant, eux, un peu plus difficiles à trouver). Il était par ailleurs convaincu de marcher très prochainement sur l'Oise, en oignant ses pieds d'oignon; et, comme il avait lu dans un vieux grimoire que l'ail prolonge notablement la vie, son haleine le protégeait, par ailleurs, de ces longues conversations qui empêchent tout bon alchimiste de calciner le mercure et donc de transformer en or les vieilles marmites en plomb.

Le lecteur attentif que tu es sans doute ne manquera pas de se dire que le conteur ironise lâchement sur des personnes disparues, mais ledit conteur aura alors beau jeu de te faire remarquer que les charlatans, qu'ils sévissent dans les sabbats ou sur un trône, n'ont jamais que ce qu'ils méritent quand on se paie leurs chevilles enflées de thaumaturges à quatre sous !

Pour plaire à sa majesté et palper son or en attendant d'en faire, Léandre Galuchat, deuxième du nom, abandonna pour un temps ses grimoires, son mortier, ses fioles de mercure, ses crapauds à l'eau-de-vie et sa panoplie d'alchimiste pour se consacrer à la peste. Il fit d'abord un feu de joie avec les rats du château, qu'il avait appâtés au fromage et capturés au moyen de pièges à loups, miniaturisés à sa demande par le forgeron du château. Ce fut d'ailleurs la seule intervention vraiment utile de ce charlatan nullissime, puisque, après cette dératisation bien concrète, il opta, hélas, pour la magie qui est à la médecine, comme chacun sait ou devrait savoir, ce qu'est la danse de la pluie à l'irrigation du désert. Galuchat ne jurait que par son fameux « remède aux huit substances excellentes ». Récapitulons : deux grosses pincées de réalgar et de cinabre bien rouges (de sulfure d'arsenic, si vous préférez), une petite louche bien jaune d'orpiment (c'est-à-dire de cette autre variété de sulfure d'arsenic qu'on utilise surtout comme crème épilatoire) et une cuillerée de borax. Le borax en question, également appelé borate de soude, entre utilement dans la composition de pansements très efficaces contre les dermatoses et ne peut donc pas faire de mal à un roi habitué à guérir, par simple imposition de ses royales mains sur leurs abcès, ses sujets écrouelleux ! Pour donner du goût à ce « bouillon d'onze heures », vous ajouterez de l'ail, de l'oignon, du persil et du thym et vous disposerez d'un remède galuchesque, en cas de retour inopiné de la peste noire dans notre beau pays.

Le « remède » étant prêt, Galuchat vint en personne, le 14 août, après dîner, en apporter une pleine fiole au roi qui en fit aussitôt boire un petit verre à son goûteur. La mixture n'ayant pas terrassé ce fidèle serviteur, le roi, sa femme et le p'tit prince en burent aussi et ne s'en portèrent pas plus mal.

Apparemment, en tout cas.

Les royales entrailles se mirent en effet à gargouiller vers minuit et, comme la famille au grand complet souffrait des mêmes maux, tout ce beau monde vécut quelques heures inoubliables sur les nombreux vases de nuit qui furent aimablement mis à leur disposition par une armée de valets visiblement dépassée par l'ampleur du désastre.

Le lendemain matin, le roi voulut tout de même assister à la messe commémorant l'Assomption de la Vierge Marie. Il se traîna donc jusqu'à la chapelle du palais où il fit pâle figure. Le « remède aux huit substances excellentes » étant tout de même moins toxique que l'arsenic pur du pharmacien Homais, et Philippe VI n'étant pas Emma, je vous épargnerai les symptômes de l'empoisonnement par l'arsenic… Bon, ou alors juste deux ou trois lignes extraites de *Madame Bovary*, en hommage au grand Gustave Flaubert qui ne nous cache rien des tout derniers instants de son héroïne : « *Ses yeux, en roulant, pâlissaient comme deux globes de lampes qui s'éteignent, à la croire déjà morte, sans l'effrayante accélération de ses côtes secouées par un souffle furieux, comme si l'âme eût fait des bonds pour se détacher.* »

Voilà. Vous divisez par deux ou trois et vous avez sous les yeux le spectacle désolant que le roi offrit à ses courtisans. On le crut pestiféré, on évoqua la fin de Saint Louis, la fin du monde et la fin des haricots, et le roi se retrouva tout seul, effondré sur son prie-Dieu, dans la chapelle désertée.

Galuchat ne vint pas réclamer sa récompense et prit même prudemment le maquis. La famille royale se remit rapidement et ce petit épisode de la vie du plus malchanceux de nos monarques fut rapidement oublié. Ce dernier ne mit plus jamais les pieds au château de Pontoise, préférant aller commettre ses royales bourdes sous d'autres cieux, sans mettre à profit cet avertissement sans frais pour donner un coup d'arrêt à la longue série de ses erreurs de jugement.

Deux ans plus tard, comme il faisait un froid de loup et que le château royal de Pontoise disparaissait peu à peu sous l'action conjuguée du crépuscule et d'une brouillasse tenace qui embuait les tignasses et crachinait à vous glacer les sangs, deux matrones solidement charpentées et encore toutes fumantes d'avoir frotté à la cendre les chemises de leurs hommes dans l'eau glacée de l'Oise, se chamaillaient en revenant du lavoir. Le brouillard était épais et l'on a vite fait de confondre une souche avec un sanglier quand le soleil est paresseux et qu'on ne peut même plus se fier à ses yeux ! N'empêche que, brouillard ou pas, ce qui marchait le long de la berge de l'Oise, ce n'était ni une souche ni une hallucination, et cela ressemblait diablement à un cerf ! *Da capo et caetera.*

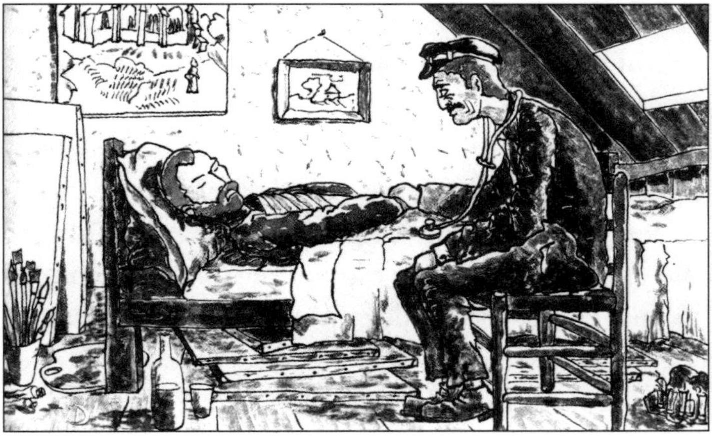

Et c'est par sa blessure qu'a jailli la lumière

I

- Faire un tableau ou un enfant, c'est du pareil au même, petit Levert ! Tu es *L'Enfant à l'orange* : c'est toi sans être toi, c'est, disons, ton frère d'art ; tu lui as prêté ta silhouette et tes principaux traits, mais lui aussi est bien vivant, et il vivra sans doute bien plus longtemps que toi. Il y a six mois, Théo et Johanna ont mis au monde un garçon à qui ils ont donné mon prénom. Cela m'a d'abord fait plaisir, mais maintenant je sais que je n'ai plus qu'à disparaître, puisqu'il y a désormais deux Vincent Van Gogh sur la terre. C'est aussi pour cela que je me la suis tirée, cette foutue balle dans la poitrine. Je ne suis ni fou ni désespéré et, maintenant que tout est accompli, je ne regrette rien. Je vais « passer » cette nuit ou la suivante, je le sais bien, mais c'est avec l'espoir qu'on parlera de moi un jour. Si, si, tu verras ! J'ai 37 ans, c'est un peu tôt pour en finir, mais, après tout, Mozart est mort encore plus jeune, à 35 ans. J'ai seulement devancé l'appel en donnant ce coup de pouce au destin. A Auvers, j'ai peint 70 toiles en soixante-dix jours, mais des tableaux, j'ai bien dû en faire 6 ou 700 depuis que je m'épuise à élever mes semblables jusqu'à cette lumière dans laquelle chacun devrait pouvoir réchauffer le feu de son âme. J'ai échoué, ma mission est terminée. Je laisse la place au petit Vincent et aux chercheurs de lumière, s'il en reste. J'ai tellement été un homme de mansardes solitaires et de chaises vides que je ne suis pas étonné que cela finisse ici et comme cela, sous les toits du café Ravoux, avec une main d'enfant pour éponger mon front. Nous avons formé une belle équipe, toi et moi, hein ? J'aimais bien quand tu me suivais, portant sur ton dos le chevalet à bretelles et mes chères couleurs ; j'aimais bien quand tu venais me rejoindre sur le motif, à midi, avec le repas, tout là-haut sur les coteaux, du côté de Valhermeil, Chaponval ou Cordeville. Tu ne t'exprimes pas beaucoup, petit Levert, mais je vois bien que mon agonie t'attriste. Tu m'aimais bien, n'est-ce pas ?

Pourquoi a-t-il fallu, aussi, que je me brouille avec le docteur Gachet pour une stupide histoire de cadre mal choisi ? Moi qui voulais être une sorte de missionnaire, j'ai agi comme un homme qui s'emporte pour un oui, pour un non. Ma maladie n'a pas dû être étrangère à ces sautes d'humeur, mais va savoir ! Bon sang, ce que j'ai mal ! Redonne-moi un peu d'eau, veux-tu, petit taiseux ? Gachet va venir, j'ai demandé qu'on aille le chercher, il ne pourra pas se défiler. Après tout, nous avons été amis, même si cela n'a duré qu'un mois et demi ! Je me revois descendre du train, c'était vers la mi-mai. Je suis allé chez « le bon docteur », comme on l'appelle ici ; mon frère m'avait dit qu'il s'y connaissait en maladies nerveuses, je l'ai cru, moi ! Au début, j'ai pensé que je pourrais m'en faire un ami, presque un frère, même s'il m'a tout de suite paru aussi malade et ahuri que toi ou moi. Tu souris, c'est bien ! J'ai écrit ce que je viens de te dire à mon frère ; il a dû en sourire, lui aussi, alors. Tout est si gravement beau, si coloré et tellement semblable à ce qui se trame dans mon âme, ici autour, que je crois avoir peint, à Auvers, mes tableaux les plus aboutis, les plus voulus. De ce village, j'ai tout de suite aimé les toits de chaume moussus et les champs de blé doré à souhait, mais je n'arrivais plus à peindre le soleil, mes touches se tordaient, comme si, dans ma tête, le monde s'était transformé en vieux ceps torturés. J'ai bien vu qu'il y avait beaucoup d'angoisse dans tout cela, mais mon travail à moi, tu sais, j'y ai tellement risqué ma vie que ma raison devait bien finir par y sombrer. Moi qui croyais trouver la paix auprès du docteur, à force d'amitié, de soins et de travail ! Quand je pense que je n'ai pratiquement rien vendu, je me dis qu'il n'y a quand même pas beaucoup de justice en ce bas monde ! Tu n'es pas peintre, d'accord, mais si tu voyais les croûtes qu'on accroche aux cimaises des salles d'exposition, tu verrais rouge, Levert ! Tu vois, j'arrive encore à te faire sourire : je suis un désespéré hilare et toi un bon garçon plein de sève, comme le petit Vincent et comme tous les vivants qui vont continuer à se creuser la tête pour faire de leur vie un petit quelque chose. Il n'arrive toujours pas, le docteur ? Il paraît qu'il est à la pêche, avec son fils : il va en faire une tête quand il verra où j'en suis ! Tu parles d'une prise : il n'a jamais ferré un poisson aussi mal en point dans l'Oise ! J'ai fait son portrait, je lui ai donné *Les Chaumes de Cordeville* et pas mal d'autres toiles, il me doit bien une visite ! Et puis, fâché ou pas fâché, le serment d'Hippocrate l'oblige à préférer les malades aux goujons ! Tu te souviens du jour où j'ai peint ces chaumes ? Tu m'avais apporté trois tranches d'un gigot que la mère Ravoux avait mitonné avec amour. C'est drôle de parler d'amour à propos d'un bout de viande ! Remarque, les Français n'arrêtent pas d'espérer « de tout cœur » des choses que nous autres, en Hollande, on espère juste « vraiment ». *Het is tijd om afscheid te nemen !* Il est temps de prendre congé, si tu préfères. Congé de la France, des Français, du docteur, de mes modèles et de toi, mon garçon. Il y a si longtemps que je n'ai pas parlé hollandais ! Remarque, mon pays ne m'a jamais vraiment manqué. Pas assez de soleil là-*haut* - ou plutôt là-*bas*, c'est tout le problème - *en mijn ogen zijn zo vol licht*, et mes yeux sont si pleins de lumière !

Les Chaumes de Cordeville, j'aurais dû les appeler *Le Jour du gigot* : les bourgeois n'aiment pas trop ce genre d'humour, mais comme les bourgeois ne voulaient pas de mes tableaux, cela n'aurait rien changé. Et puisque ma carrière de peintre sans acheteurs est désormais terminée, il ne me reste plus qu'à espérer qu'un jour mes toiles seront exposées dans un café comme celui des Ravoux, ou dans un musée, sait-on jamais. Si cela arrive, tu viendras m'en informer au cimetière, là-haut, hein ? Tu ne dis toujours rien, tu me prends sans doute pour un fou : il doit s'en passer des choses dans ta caboche de p'tit gars taciturne ! En tout cas, même si on me la demande, je ne donnerai pas l'adresse de Théo ; je ne veux pas qu'il me voie dans cet état. Après, ce sera différent : la mort donne un petit air reposé aux défunts, c'est la seule chose qu'elle veut bien faire pour eux. Allongé, les mains jointes, dans ma belle veste noire, je ne devrais pas faire trop peur à Johanna et au petit Vincent, s'ils me voient dans la boîte.

Je sens la balle dans mon cœur. On ne devrait jamais s'acheter une arme, c'est trop tentant : tout semble aller de travers, alors on s'écoute, on s'emporte et on tire. Quand je pense qu'à midi j'ai déjeuné tranquillement avec les Ravoux, avant de retourner peindre dans les blés qui cernent le cimetière ! Tu vois, j'en reparle, de ce foutu cimetière : au moins, de là-haut, j'aurai une vue imprenable sur l'église et sur le bourg, et je n'y serai pas beaucoup plus seul que maintenant. J'ai toujours été seul. Pas de femmes, pas d'enfants, pas d'amis, juste un frère. Mon lot à moi, c'était la peinture. J'ai peint comme on prie quand on croit que ça sert à quelque chose de prier, mais mes toiles n'ont pas plu, comme un sermon raté, comme une prière qui sonne faux. Croire à ce qu'on fait ne suffit pas, j'ai dû faire quelque chose qui leur a déplu, mais ils ne m'ont pas dit quoi. Je n'y peux rien, après tout, si mes tableaux ne se sont pas vendus ! En tout cas, je suis sûr qu'un jour, les gens finiront par comprendre que mes toiles valent tout de même un peu plus que ce qu'elles m'ont coûté en peinture. Je me souviens d'en avoir vendu une, c'était *La Vipère rouge*, et c'est une femme qui me l'a achetée. Elle s'appelait Anna Boch, son frère était poète et elle vivait à Bruxelles. Elle m'a donné 400 francs. Ce n'est pas vrai que je n'ai vendu qu'un seul tableau, mais je suis bien forcé de reconnaître que je n'en ai pas vendu beaucoup. Tu sais, si mon frère n'avait pas été là, je serais sans doute mort de faim.

Et puis il y a eu trop de ciels d'orage au-dessus de mes champs de blé, j'aurais dû me méfier. Je me crois toujours guéri, mais le mal est là et il revient me pourrir la vie à la première contrariété. C'est la couleur que je regretterai le plus. Pas la peinture, la couleur, parce que c'est elle qui donne la vie aux choses que je représente, et moi, c'est la vie et rien d'autre que je peins, alors je ne me gêne pas pour aller jusqu'au fond des gens. J'ai plus représenté leur humanité que leurs traits, tu sais ! Je ne suis jamais tombé dans le « bien peint », dans le « ressemblant » ; je voulais aller plus loin et consoler les gens avec ma peinture, mais je n'ai consolé personne et me voilà bien avancé !

Le docteur Gachet appréciait mon travail. C'est pour cela, je crois, qu'il est devenu mon ami : c'est si rare de parler peinture avec un connaisseur ! J'avais fini par ne plus m'intéresser qu'aux gens que je peignais ; mes modèles étaient mes seules relations, les autres, je n'avais plus grand-chose à leur dire. Je ne manquerai à personne, sois-en sûr ! J'ai tout raté : je n'ai pas plus réussi à fonder un foyer qu'à me faire un nom comme peintre. Mon père était pasteur et moi-même j'ai prêché dans le Borinage, un pays de misère. Toute ma vie, j'ai été un pauvre parmi les pauvres, un mangeur de pommes de terre, tout juste bon à peindre d'autres mangeurs de pommes de terre. Ma seule religion a été la peinture et je ne suis pas sûr qu'il y aura une place, au paradis, pour ceux qui ont peint d'autres braves gens que ceux dont parle la Bible. J'ai pourtant bien cru que l'amitié allait enfin me faire un signe, du côté d'Arles, quand Gauguin est venu peindre avec moi, mais cela n'a pas duré. Il avait des goûts de luxe, il voulait tout régenter, on ne s'entendait pas, alors, bien sûr, il est parti. J'ai peint son fauteuil vide et je me suis coupé un bout d'oreille, avant de passer un an à l'asile. Il faut souffrir sans se plaindre, c'est tout ce que j'ai retenu de ces années passées à croire qu'on peut aider les gens à mieux vivre. A peine arrivé à l'asile de Saint-Rémy, j'ai écrit à mon frère que, sans son amitié, je n'aurais vraiment pas eu d'autre solution que le suicide et j'ai ajouté que, lâche comme je suis, j'allais finir par le faire quand même. Eh bien, voilà, c'est fait, c'était bien la peine ! Pourtant, j'aime encore beaucoup l'art et la vie, mais à quoi bon, désormais ?

On ne m'a pas soigné en Provence, ici non plus d'ailleurs : les médecins ne peuvent rien pour les gens comme moi. Je voulais juste que la couleur vive d'elle-même, mais ma solitude était tellement atroce que ma main ne savait plus tracer que des lignes tourmentées, des traits rageurs. J'étais trop tendu. Dans *La Nuit étoilée*, j'ai peint 11 étoiles et la lune et même le soleil, et puis j'ai refait une crise au printemps, alors je suis revenu à Paris. Jusqu'au bout, la peinture aura été mon seul paratonnerre contre la folie. Je voulais faire des portraits qui, un siècle plus tard, apparaîtraient aux gens d'alors comme des apparitions, et puis mon frère s'est marié et, une fois de plus, je me suis senti abandonné.

- Vous n'êtes pas fou, monsieur Van Gogh, vous êtes seulement très malheureux, et moi je vous aime bien.

- Tu dis enfin un mot, petit Levert, et c'est un mot gentil. Et il me fait tellement de bien, celui-là, que tu l'emporteras au paradis, tu peux me croire ! Tiens, si au lieu de faire des tableaux, j'avais fait un enfant, j'aurais voulu qu'il soit comme toi !

II

Je m'appelle Paul Gachet, je suis le fils du médecin dont Van Gogh, dans le portrait que tout le monde connaît, a su saisir l'infinie lassitude. Il faut dire que, depuis la mort de maman, mon père n'était plus le même ; et puis Van Gogh ne se contentait pas de restituer les traits de ses modèles… C'est moi qui l'ai veillé, le 27 au soir. J'ai pris la relève du petit Levert qui a pris le temps de me raconter ce que le suicidé lui avait dit, avant de rentrer chez lui. Je n'avais alors que 17 ans. Mon père et lui étaient brouillés depuis au moins trois semaines, quand il s'est tiré une balle dans le cœur ; mais je ne pense pas que ceci explique vraiment cela.

Mon père savait reconnaître un artiste vraiment novateur et il avait lui-même un assez joli coup de pinceau. Plusieurs impressionnistes l'ont considéré, à juste titre, comme leur ami. C'est au printemps 1872, c'est-à-dire un an avant ma naissance, que mes parents se sont installés à Auvers. Mon père s'est tout de suite mis à transformer le grenier en atelier et ma mère l'a laissé faire. Durant l'hiver de cette même année 1872,

Cézanne a séjourné à Auvers, essentiellement pour éloigner sa compagne et son fils des foudres paternelles, mais pas seulement. Son père était vieux jeu, mais il l'entretenait, comme Théo entretenait Vincent. Toujours est-il que c'est ici que Cézanne a éclairci sa palette. Les ciels d'Ile-de-France lui ont fait du bien, à lui aussi, comme à ma mère, comme à Van Gogh ; mais les effets bénéfiques d'un climat ne durent jamais bien longtemps…

Mon père a sans doute été le premier collectionneur des toiles de Cézanne. C'est facile, avec le recul, de crier au génie devant les tableaux de Cézanne ou de Van Gogh, mais, à l'époque, il fut l'un des rares amateurs d'art à avoir compris que le destin avait placé sur son chemin d'authentiques génies, au nombre desquels il convient d'ajouter Pissarro dont il était le médecin et qui venait parfois peindre avec lui dans le grenier. Quand je vous dis que mon père avait le nez creux, vous voyez que je ne vous raconte pas des histoires ! En fait, c'est Théo, le marchand de tableaux, qui avait demandé à Pissarro de l'aider à trouver un logement pour son frère Vincent ; et c'est ainsi qu'à peine sorti de l'asile de Saint-Rémy, Van Gogh a pris le train pour Auvers. Mon père était un bon spécialiste des maladies nerveuses et, au début, ils se sont bien entendus. Un veuf inconsolable et un solitaire désespéré : il n'y a pas mieux pour épauler deux orphelins, n'est-ce pas ? Nous le recevions souvent, même s'il ne pouvait s'empêcher de dire, presque à chaque fois, que ce n'était pas gai chez nous et qu'on y mangeait trop. Il n'était jamais content, il faut bien le dire. Je l'entends encore marmonner : « *Cinq plats, alors qu'une olive me suffit, et tout cela dans une maison pleine de vieilleries noires, noires, noires !* »

Dans la diplomatie, Van Gogh aurait fait piètre figure, mais comme il était malade et qu'il avait tout de même de bons côtés, mon père le laissait dire et l'encourageait sans cesse à peindre, en lui faisant valoir le fait que le travail est un remède souverain contre la neurasthénie. Son portrait lui avait beaucoup plu, il l'avait dit à Van Gogh, et cela avait redonné le moral à ce grand déprimé. On peut dire qu'ils ont été amis, à leur manière, jusqu'à leur dispute. Pour une broutille, d'ailleurs ! Une stupide histoire d'encadrement mal choisi, d'après notre hôte. Cela concernait, je crois, un tableau de Guillaumin. Se brouiller pour si peu, c'était vraiment trop bête ! Je me souviens que Van Gogh a pris la mouche avant de monter sur ses grands chevaux, et comme il n'était pas du genre à s'excuser et qu'il commençait, au fond, à lasser toute la maisonnée, nous ne l'avons plus revu jusqu'au soir du suicide. Cet homme n'était pas méchant, mais il ne s'entendait avec personne. Son frère Théo a été le seul à souffrir de sa mort, au point de faire une dépression nerveuse, de démissionner, et même de plus ou moins tenter de tuer sa femme et son gosse, avant de mourir, paralysé et aphasique, six mois après son frère. Ils sont côte à côte, au cimetière d'Auvers, inséparables jusqu'au bout.

Mon père signait ses tableaux Paul Van Rijssel. Rijssel, c'est Lille, en flamand. Nous sommes du Nord, alors, pour nous autres, Auvers c'était déjà presque le sud ! Par admiration pour ses amis peintres, mais aussi, peut-être, par manque d'imagination, le docteur Gachet copiait plus de tableaux qu'il n'en créait. Il nous a quittés en 1909, c'est-à-dire l'an passé, mais moi j'habite toujours rue des Vessenots, à Auvers-sur-Oise. Mes murs sont couverts de tableaux. Je collectionne les toiles des impressionnistes, comme Monet, Sisley ou Pissarro, mais j'ai aussi des Cézanne et des Van Gogh, évidemment.

Nous sommes le 29 juillet 1910. J'ai donc 37 ans, l'âge qu'avait Vincent Van Gogh quand il a mis fin à ses jours. C'était il y a vingt ans, jour pour jour, et j'écris ces lignes un peu brouillonnes pour apporter ma modeste contribution au mythe Van Gogh et remettre quelques pendules à l'heure. Je n'ai rien fait de mal, mon père non plus, en fait, mais comme on nous accuse de tout et de n'importe quoi, j'aimerais contribuer, par ce petit témoignage, à la manifestation de la vérité.

Mon père a été un grand homme, et je n'ai pas à rougir d'être son fils, sachez-le, mais venons-en aux faits. Van Gogh s'est suicidé il y a tout juste vingt ans, comme je l'ai déjà dit. Nous finissions une partie de pêche dans l'Oise, mon père et moi, quand on est venu nous chercher, à la demande du mourant. Ils avaient beau ne plus se parler, mon père étant un bon médecin, c'est tout naturellement à lui que Van Gogh a pensé quand on lui a demandé s'il voulait qu'on aille « chercher le docteur », comme on dit ici. Le plus drôle - si on veut bien me pardonner cet adjectif un peu déplacé, j'en conviens - c'est que, deux mois avant ce triste soir, Vincent écrit à Théo (Johanna m'a fourni une copie de la lettre) qu'il ne faut « *aucunement compter sur le Dr Gachet* ». Et il ajoute : « *D'abord il est plus malade que moi, à ce qu'il m'a paru, ou, mettons, juste autant, voilà. Or lorsqu'un aveugle mène un autre aveugle, ne tomberont-ils pas tous deux dans le fossé ?* »

A ce que j'ai compris, Van Gogh en voulait à mon père de s'intéresser davantage à sa peinture qu'à sa maladie. C'est sans doute un peu vrai, mais qu'aurait-il pu faire pour lui, au fond ? A Saint-Rémy-de-Provence, ils n'ont pas fait grand-chose non plus, à part l'enfermer, au début, puis lui donner deux bains par semaine et le laisser peindre dans le jardin de la clinique ! De la même manière que les héliotropes trouvent toujours la direction du soleil, il faudrait inventer des médicaments « psychotropes » qui trouveraient les zones malades du cerveau pour agir sur le psychisme, mais je doute fort qu'on y arrive un jour. On en est encore aux camisoles et aux jets d'eau glacée, et je ne suis pas loin de penser que le XIXe siècle restera dans l'Histoire comme celui de la folie. Il y a des modes, en matière de fêlure de l'esprit, comme il y a des modes vestimentaires, en fait. Je ne dis pas que les hystériques, neurasthéniques et autres mélancoliques de ce temps-là se complaisaient dans leur mal, mais je crois bien que la misère et les rigueurs de l'éducation d'alors ne devaient pas être tout à fait étrangères à ce grand concassage des âmes fragiles. On prétend que Van Gogh souffrait d'une « épilepsie héréditaire de caractère démentiel », mais je crois surtout qu'il souffrait de solitude chronique et que les arrière-arrière-grands-parents du chimiste qui trouvera un remède efficace contre ce fléau ne sont même pas encore nés !

Toujours est-il que mon père a ausculté le suicidé et qu'il a tout de suite compris qu'il ne pourrait pas extraire la balle. Il n'y avait donc plus rien à faire sur le plan médical : il a alors désinfecté et bandé la plaie, m'a laissé au chevet du suicidé et a dû repartir. Il a fini par trouver l'adresse de Théo et c'est lui qui l'a fait venir, le lendemain. La médecine ne peut pas faire de miracles, mon père a fait ce qu'il a pu, un point c'est tout.

Il y a donc eu un moment où je me suis retrouvé seul avec le mourant. J'ai épongé son front, je lui ai donné à boire. Sa soif semblait inextinguible. Il faut dire qu'il faisait chaud dans sa mansarde, malgré le vasistas ouvert au maximum. Faute de remèdes, nous l'avons donc laissé mourir, si on veut, mais nous ne l'avons pas assassiné. Certains ont laissé entendre que je suis resté à son chevet non pas pour le veiller, mais pour le surveiller. En voilà une drôle d'idée ! L'oiseau était trop faible pour s'envoler, et je ne vois vraiment pas à quoi aurait bien pu servir un gardien. Le fer était logé au plus profond de sa poitrine, et sa prison, il se l'était forgée tout seul. Il n'était pas doué pour le bonheur, il est passé à l'acte, voilà tout. On a ensuite affirmé que j'étais resté à son chevet pour lui voler ses derniers tableaux, mais s'il est vrai qu'il y avait bien une dizaine de toiles sous son lit, mon père et moi n'en avons évidemment pas emporté une seule.

Van Gogh les empilait encore humides, si bien que plusieurs tableaux portent, au revers, des traces de peinture qui ont intrigué les spécialistes, au début. Il utilisait une laque de géranium riche en éosine. Le gros avantage de l'éosine, c'est qu'elle rehausse les rouges ; hélas, la lumière dégrade très vite les rouges éclatants ainsi obtenus, de sorte que certains de ses tableaux ont carrément changé de couleur, certains rouges ayant viré au bleu ! Van Gogh peignait une toile par jour, parfois deux. Il les saupoudrait bien de siccatif, pour éviter d'attendre huit heures entre chaque application de couleur, mais elles ont quand même bavé et se sont un peu mélangées lors du séchage à plat. Il n'avait pas de temps à perdre, c'était un impulsif : comme les impressionnistes, il allait sur le motif pour fixer la lumière et non pour reproduire des formes ou perdre son temps en finitions stériles. Vous allez voir que ces détails techniques sont de la plus haute importance, car ils contribuent à prouver que ni mon père ni moi-même n'avons profité de la situation.

On a même dit que papa avait payé des faussaires pour agrandir sa collection, à mesure que la cote de

Van Gogh montait. Ce serait presque drôle, si ce n'était insultant et profondément injuste, car, si mon père était peintre à ses heures, il n'avait rien d'un génie : un examen attentif des toiles incriminées suffirait à balayer ces accusations ridicules. Mon père a imité la touche de Van Gogh, au même titre qu'il a copié d'autres peintres qu'il estimait, tout comme Delacroix s'est inspiré du Titien, Manet du Tintoret et Moreau de Véronèse ! Or, il ne viendrait à l'idée de personne d'accuser ces grands peintres de plagiat ! En plus, mon père ne procédait pas du tout comme Van Gogh : il travaillait essentiellement en atelier, posait du papier calque sur les originaux qu'il possédait et commençait tous ses tableaux par un dessin qu'il coloriait ensuite. Mon père était une sorte de grand enfant triste dont les copies relèvent davantage du coloriage que du plagiat !

Ce qui est vrai, c'est que, quelques années après la mort de Van Gogh, on cria au génie, comme ce fut le cas pour Rimbaud, mort un an après lui, exactement au même âge. A propos de cet autre artiste maudit, on raconte que, juste avant de mourir et de devenir une légende, le pauvre Arthur se serait exclamé : « *Les soldats de Dieu ! Ils viennent me prendre ! Je vois la couleur !* » J'espère que Van Gogh a, lui aussi, « vu la couleur » avant de mourir. La vie lui devait bien ça !

Mais revenons à la notoriété posthume du suicidé d'Auvers. Par amour de l'art, mais aussi pour apporter sa contribution à la connaissance de l'œuvre de son ancien ami, mon père se lança, à cette époque, dans la réalisation d'un catalogue des œuvres de Van Gogh en sa possession et fit appel, pour cela, à Blanche Derousse, une de ses « élèves », à qui il demanda de réaliser de petites aquarelles représentant les toiles dont il disposait. C'est d'ailleurs grâce à ces copies très scrupuleuses que j'ai découvert le problème des rouges dégradés de Vincent Van Gogh. En résumé, mon père a fait appel à une illustratrice et non à un faussaire : il s'agissait d'une mesure conservatoire et non d'une manœuvre frauduleuse. Tout comme les copies réalisées par mon père, ces aquarelles sont signées Vincent, mais ne prétendent pas être des Van Gogh ! Chaque copie doit être considérée comme un hommage : qu'y pouvons-nous, mon père et moi, si quelques-uns de ces pastiches sont maintenant en circulation et même parfois authentifiés par des marchands indélicats ?

Mais j'avais annoncé une confession, je crois : je vous dois donc un aveu ! Il me coûte, et j'aimerais qu'on le prenne pour ce qu'il est, c'est-à-dire une preuve de la bonne foi de ma famille face aux accusations fantaisistes qui circulent encore dans le Landerneau des critiques d'art. A force de fréquenter la fine fleur de la peinture de son temps, je crois bien que mon père a fini par commettre une petite indélicatesse dont l'innocent narcissisme n'échappera à personne. Vous connaissez, bien sûr, le fameux *Portrait du docteur Gachet* : c'est une huile sur toile de 66 x 57 cm. Mon père y apparaît dans toute son inguérissable mélancolie de veuf éploré. Van Gogh a mis beaucoup de bleu dans cette toile magnifique : du bleu des yeux et de la veste de mon père au bleu du ciel, tout contraste avec son pâle visage de désespéré. Ce tableau, je l'ai vu peindre et je l'ai sous les yeux, au moment où j'écris ces lignes : cette toile est authentique, je vous rassure. Ce n'est pas ce tableau qui pose problème, mais l'autre portrait réclamé par mon père à son ami Vincent, au temps béni des commencements de leur relation. Eh bien, cette œuvre, je n'en suis pas absolument sûr, mais je me demande si ce n'est pas mon père qui l'a réalisée lui-même ! C'est une eau-forte de 15 x 18 cm. Mon père avait le matériel idoine et il incitait souvent Van Gogh à se lancer dans cette technique. L'eau-forte, c'est un mélange d'eau et d'acide nitrique, avec lequel on grave le dessin à reproduire sur une plaque de cuivre qui permet d'obtenir autant d'estampes que l'on veut. Ce qui est intéressant, dans ce portrait de mon père, c'est la date, elle aussi gravée à l'acide : 15 mai 90. Or Van Gogh est arrivé à Auvers le 20 mai. Il n'est pas impossible que mon père - à condition, bien sûr, qu'il soit vraiment l'auteur de ce portrait - ait laissé cet indice aux générations futures. C'est plus une facétie qu'un faux, décidément. Mon père avait déjà son portrait signé Van Gogh, il en aura voulu un autre. Il a réalisé, à partir de ce portrait - ou de cet autoportrait, allez savoir ! - une soixantaine de tirages que, pour la plupart, il a vendus, je ne peux pas le nier. Ce portrait est moins réussi que l'huile sur toile, mais il est plus exact. Je pense que mon cher papa a utilisé la bonne vieille méthode du photo-portrait projeté sur un mur. Un peu jaloux, peut-être, des saisissants autoportraits de son ancien ami, il en aura réalisé un, à son tour, sans miroir, en décalquant sa photo sur le mur du grenier... Quand je vous disais qu'il n'y a pas de quoi fouetter un chat ! S'il a fauté - car, je le répète, je n'en suis pas sûr - il n'a fauté qu'une fois, et si c'est un péché, ce n'est jamais qu'un péché d'orgueil, pas une contrefaçon. Il est tellement frustrant de vivre dans l'ombre de ces soleils immenses que sont les créateurs que leurs très humbles satellites se lassent forcément, un jour, de n'éblouir personne !

Pauvre soleil, tout de même, puisque l'œuvre du suicidé commence seulement à éclairer le monde. Il faut savoir, par exemple, que ce n'est que dix jours après la mort du pauvre Vincent que *L'Echo pontoisien* s'est enfin décidé à informer ses lecteurs que le *« dimanche 27 juillet, un nommé Van Gogh, âgé de 37 ans, sujet hollandais, artiste peintre, de passage à Auvers, s'est tiré un coup de revolver dans les champs et, n'étant que blessé, est rentré à sa chambre où il est mort le surlendemain ».*

Cet authentique génie n'a eu droit qu'à un entrefilet dans la presse locale, mais nous autres, les Gachet, sommes fiers d'avoir contribué à lui donner une dimension internationale : ni faussaires, ni voleurs, ni assassins, nous avons eu l'honneur d'être, durant quelques semaines, les amis de ce peintre exceptionnel qui échangeait des chefs-d'œuvre contre une assiette de soupe. Cet honneur exigeait une confession publique qui ne doit d'ailleurs être prise que pour ce qu'elle tient à rester, c'est-à-dire une très humble contribution à la légende de Van Gogh.

Ses tableaux étaient rouge sang, ils sont maintenant bleu nuit. En plein été, il a fini par ne plus voir que des ciels d'orage et des corbeaux menaçants ; mais, en broyant du noir, il a vu la couleur, et c'est par sa blessure qu'a jailli la lumière !

Le Miroir de Ninon

Adossée au bord extrême de la terrasse médiévale, Ninon trempa négligemment son gobelet d'argent dans les eaux transparentes de la Fontaine de Jeunesse. Depuis son arrivée à Villarceaux, elle ne jurait que par ce breuvage de jouvence. La source devait d'ailleurs posséder d'authentiques vertus régénératrices car, depuis qu'elle avait franchi la grille d'honneur du château, Ninon de Lenclos était censée « approcher la trentaine », alors qu'en cette fin du mois de juillet 1654 ses artères accusaient, au bas mot, 34 étés, et peut-être même 38, la belle ayant beaucoup joué de l'absence d'état civil en un siècle où, plus encore qu'aujourd'hui, il fallait bien croire les dames sur parole... Même les historiens s'y perdent, tant notre buveuse d'eau s'y entendait en maquillage d'éphémérides et de rides tout court. Quoi qu'il en soit, même si elle ne faisait pas de miracles, la Fontaine de Jeunesse ne devait pas non plus endommager la santé de ses fervents consommateurs car, après les événements que nous allons maintenant relater, l'appétissante Ninon vécut encore un bon demi-siècle. Rien n'a vraiment changé sous le soleil du XXIe siècle et l'âge des dames en général, et des courtisanes en particulier, reste l'un des secrets les mieux gardés du monde occidental, à telle enseigne que nous ne nous permettons ces petites indiscrétions que pour les commodités de la narration et aussi, tout de même, parce que la coquetterie est un vilain défaut lorsqu'elle pousse un personnage historique à faire prendre à son siècle et aux suivants des vessies pour des lanternes. Mais comme j'ai le bonnet phrygien qui vire au rouge sang quand je pense aux malheureux aristocrates qu'on a pendus auxdites lanternes pour célébrer la fin de l'Ancien Régime, je serai bon prince et, pour les lanternes de Ninon, ça ira, ça ira, ça ira ! D'autant plus que, trois siècles et demi après les faits, il doit bien y avoir prescription et que, de toute façon, il n'y a pas de quoi faire un fromage de quelques étés de plus ou de moins, surtout si l'on veut bien considérer qu'à 969 ans, Mathusalem en paraissait à peine 939 ! Mais revenons à notre héroïne que nous avons fort heureusement laissée au bord de l'eau, car il fait souvent diablement chaud, fin juillet, du côté de Villarceaux, que l'on ait 34, 38, 939 ou 969 ans !

Elle avait beau se rajeunir effrontément, à force de faire son beurre avec ses charmes, Ninon commençait, malgré tout, à compter plus d'automnes que de printemps et avait donc bien besoin d'une petite cure de jouvence chez son amant du moment, j'ai nommé Louis de Mornay, marquis de Villarceaux et Grand Louvetier d'un p'tit loup qu'on appellerait un jour le Roi-Soleil et qui, en attendant cette consécration et bien qu'il n'eût que 16 ans, régnait depuis onze années déjà, ayant perdu prématurément son numéro XIII de papa. Il restait au petit Louis sept bonnes années de relative liberté avant de passer du statut d'adolescent bouillonnant à celui, plus austère, de monarque absolu, Anne d'Autriche et Mazarin s'occupant présentement de tout, y compris de commenter, sans la moindre retenue, ses « cartes de France » de futur géniteur d'héritiers de la Couronne et autres enfants bâtards plus ou moins légitimés.

Or donc, le Roi-Soleil n'était encore qu'un petit astre sous tutelle et les gradins engazonnés du parc, plus connus sous le nom de vertugadin, dirigeaient déjà, mais en pente douce, les eaux de pluie de ce charmant coin perdu du Vexin français jusqu'au fond du vallon, dans une débauche de cascades, de miroirs et de bassins incapables, à eux seuls, d'étancher la terrible soif de jouissances de la très libre Ninon. Pour qu'elle se sente chez elle, son louvetier d'amant lui avait attribué un pavillon Renaissance dont elle chérissait tout particulièrement la tour donnant sur les broderies végétales d'un très symbolique Parterre sur l'eau qui, depuis cinq siècles, flotte gracieusement sur les bassins de la Demi-Lune et des Huit Jets.

Experte en battements de cœurs de marquis et de princes, mademoiselle de Lenclos savait y faire pour que tout ce beau monde se jette à corps perdu entre ses bras, puis à ses pieds, à l'instar de Vénus, sa docile levrette. Louis de Mornay n'était ni le premier, ni le dernier ; il s'en doutait un peu, mais, n'ayant pas trouvé le moyen de lui résister, il s'abandonnait, sans la moindre résistance, à cette bonne fortune en jupons de soie qui donnait à son cœur de grand seigneur de fulgurantes illusions, et de vigoureuses satisfactions à son corps de chasseur. La belle avait du charme et des lettres, le louvetier du bien et un certain panache : leur affaire de cœur dura trois ans, et mille jours de bonheur, ce n'est pas rien dans une vie d'homme, d'autant plus qu'un homme sur deux est une femme et que la femme est un homme comme les autres. Enfin presque.

Donc, notre aimable libertine avait toutes sortes de talents et de la suite dans les idées. Ses portraits ne font pas d'elle la jumelle d'Apollon, mais son amour de l'amour, ses anglaises étudiées et son front intelligent ont dû faire oublier à ses amants son âge réel, ses rondeurs et sa mauvaise réputation.

En ce début d'après-midi, Ninon lisait *Le Songe de Poliphile*, un mystérieux livre-jardin du très vénitien Francesco Colonna. Cet ouvrage ayant inspiré les broderies et les topiaires des jardins de Villarceaux, elle s'amusait à en déchiffrer les effets sur les parterres sculptés. Codé, pour ne pas dire crypté, ce livre est un ouvrage initiatique dans lequel un certain Poliphile rêve que des nymphes lui font visiter quatre jardins symboliques grâce auxquels il entrevoit les différents visages que pourrait prendre son destin. Dès lors, il n'a plus qu'à faire son choix. Si d'autres hommes ont eu cette chance, ils n'ont pas dû savoir en profiter, car, comme l'a si justement écrit Romain Rolland, *« nous ne choisissons pas. Notre destin choisit. Et la sagesse est de nous montrer dignes de son choix, quel qu'il soit »*...

Depuis trois jours, Ninon était plongée dans cet ouvrage allégorique grâce auquel il lui semblait lire en elle-même, comme si le livre lui eût renvoyé une image plus fidèle de son âme que le plus sévère des miroirs ; et, peut-être parce qu'en latin « miroir » se dit *speculum*, cette fine mouche s'abandonnait, en le lisant, aux mille spéculations qui garantissent les oies blanches contre les miroirs trompeurs qu'on fait tourner et scintiller au soleil pour abuser les alouettes. Pour faire simple, on ne la lui faisait pas, Ninon ayant passé depuis longtemps l'âge des illusions, même si elle s'en défendait. Elle avait croqué trop tôt la pomme pour qu'il lui fût encore donné de vivre les joies simples du premier jour du monde se levant sur le jardin d'Eden et ses deux ingénus nus. Ces « nus nus » firent sourire notre Ninon, à qui il restait tout de même à vivre les joies très adultes des toutes premières années de la maturité : elle n'avait pas fini de promener ses anglaises dans les allées à la française des grands seigneurs du royaume et de les transformer, selon son humeur, en jardins d'Akademos, d'Epicure ou des Hespérides…

Un valet vint l'arracher à sa lecture et à ses chères spéculations pour lui annoncer l'arrivée de son amie Françoise. Descendante de l'auteur des *Tragiques*, Françoise d'Aubigné épouserait un jour l'impayable Scarron, avant de devenir la maîtresse, puis la très secrète épouse de Louis XIV, sous le nom de madame de Maintenon ; mais, pour l'heure, elle n'était encore qu'une jeune fille de 19 ans qui avait tout de suite plu à Ninon par la vivacité de son esprit et la profondeur de son intelligence. Ninon n'aimait que les femmes intelligentes et les hommes riches : grâce à Françoise, au marquis et à quelques visiteurs triés sur le volet, son été à Villarceaux passa comme un éclair.

Françoise et Ninon n'avaient pas froid aux yeux et, comme il faisait chaud, c'est dans le plus simple appareil qu'elles rallièrent la pièce d'eau que le marquis qualifiait volontiers de Miroir de Ninon, eu égard aux bains fréquents que sa maîtresse y prenait. Dès que le maître de maison eut chapitré, cloîtré ou éloigné ses valets les plus jeunes, les plus beaux et les plus curieux, les deux femmes se dévêtirent et s'immergèrent, en un clin d'œil, dans les eaux tièdes du bassin, voilant de mille ronds dans l'eau leurs appas de Naïades. Françoise était si belle qu'elle fit frémir les frondaisons, sous le soleil du Vexin. En plus mûre et plus gironde, Ninon n'était pas mal non plus, mais, traversée par l'idée qu'elle avait le double de l'âge de son amie, elle se mit à repousser cette insultante vérité en griffant la surface du miroir pour inonder la petite ; mais c'était peine perdue car, plus ses cheveux ruisselaient sur sa poitrine, plus la jeune fille rayonnait de beauté, tant la Nature aime les jeunes gens et les dispense d'apprêts. Conquise, elle aussi, par tant d'ingénuité, Ninon cessa enfin ses agaceries et un retentissant éclat de rire fit trembler le vallon quand le louvetier, nu comme un ver, vint les rejoindre, dans une immense gerbe d'eau. Plutôt bien fait de sa personne, il n'était pas risible, mais le marquis tout nu sous le soleil étant une espèce rare au XVIIe siècle, c'est de bon cœur que celui de Villarceaux fit rire les deux belles qui l'accueillaient déjà, à grand renfort de jets et de geysers, préfigurant modestement ce que, douze ans plus tard, on allait appeler les grandes eaux de Versailles !

Ninon le rendait fou et la petite était bien belle : le sang bleu du louvetier ne fit qu'un tour et il se rua dans la bataille avec une énergie qui transforma l'arrosage de ces dames en bataille de Lépante, même si la flotte mise en déroute par ce drôle d'amiral résista tout de même moins vaillamment que les troupes d'Ali Pacha en 1571. Louis de Mornay n'en croyait pas ses sens :

jamais il n'oublierait cet instant de plaisir ! Plus libres qu'une compagnie de jeunes bêtes, dans la fraternité sensuelle du tout premier matin du monde des vivants, les trois baigneurs saisirent avidement la chance qui s'offrait à leurs corps de faire ingénument provision de fantasmes, en prévision de jours moins favorables. Entre ces trois-là, il ne se passa rien, rien de bien grave en tout cas, mais ils sortirent régénérés des eaux tièdes et lustrales du Miroir de Ninon.

Une servante tendit un drap de bain aux dames, tandis qu'un valet de pied bouchonnait le marquis. Et c'est à cet instant, croit-on savoir, qu'encore très dévêtu, le châtelain tourneboulé proposa à la future madame de Maintenon de la portraiturer dans la tenue qu'Eve a brièvement popularisée, avant de la transformer en péché, pour une histoire de pomme, à cause de laquelle hommes et femmes n'en finissent pas d'aller se rhabiller, sous le regard des dieux qui, n'en doutons pas, s'en mordent un peu les doigts. Louis de Mornay avait un vrai talent de peintre, et comme il avait déjà croqué Ninon, Françoise se laissa faire, avant de le regretter bien des années plus tard, ayant fini par imposer une austère dévotion bigote au roi, à la cour et au pays tout entier, au tournant du Grand Siècle et de celui des Lumières. Plus d'une fois, elle essaya, mais en vain, de récupérer cette toile prétendument indécente qui constitue, désormais, la seule preuve tangible du sympathique appétit de vivre qui échauffa la jeunesse du plus pisse-froid des soutiens enjuponnés du trône.

L'histoire ne dit pas si les séances de pose donnèrent lieu à d'éventuels débordements et, comme le conteur préfère s'abstenir de les imaginer, disons que Ninon dut jalousement veiller au grain et profiter de l'émoustillement que ces séances ne manquèrent pas de provoquer chez son amant, pour transformer son séjour à Villarceaux en détour par Cythère…

Bref, le bain à trois et les séances de pose constituèrent un agréable adieu à l'adolescence pour cette petite d'Aubigné désargentée qui, après avoir élevé, en toute humilité, les enfants de Louis XIV, allait se transformer peu à peu en une habile courtisane dont les dents longues ont laissé - il suffit, pour s'en rendre compte, de visiter la chambre du roi - des traces durables dans les parquets cirés du château de Versailles.

Le marquis parlait plus de renards et de cerfs que Jean de La Fontaine, mais moins bien, cela va de soi ; or « *on ne plaît pas longtemps quand on n'a que d'une sorte d'esprit* », s'il faut en croire La Rochefoucauld, et Ninon s'ennuyait vite. Elle changeait aussi souvent de partenaire que la décence le lui permettait : dans son cœur, l'amant avait une durée de vie aussi limitée qu'une robe dans sa penderie. Pourtant, en cet été 1654, ce qui lui manqua en priorité, ce ne fut pas une nouvelle conquête à faire, mais le joyeux tohu-bohu de flèches empoisonnées que les gens du monde décochent en rafales dans les salons littéraires. Ce bel esprit aimait la ville et les joies raffinées de la conversation. Le marquis finit par comprendre qu'il allait perdre sa maîtresse s'il s'obstinait à lui parler, comme d'une musique douce, du brame des dix-cors et du grognement des sangliers ; c'est pourquoi, une fois par semaine, il transformait son château en table d'hôte raffinée et en salon des champs. On y venait en carrosse affûter ses saillies et s'empiffrer de venaison en élégante compagnie. Côté cervelle, Ninon avait autant de besoins que côté cœur, et ce n'est pas peu dire, tout le monde l'aura compris. « *Mes amis, je bois aux bois et ma Ninon boit aux lettres !* » aimait-il à répéter devant ses amis chasseurs qui riaient poliment du calembour, avant de boire, comme leur hôte, à la santé des bêtes qui hantent les forêts, en attendant qu'on les débusque.

Ninon appréciait le geste et fut même subjuguée par deux des invités du marquis, dont le triste point commun était que, bien qu'ils l'ignorassent, cet été serait le dernier de leur existence. L'un avait été l'élève de l'autre, mais tous deux devaient bientôt mourir, le premier à l'âge de 63 ans et le second à 36. Il s'agissait de l'illustre Pierre Gassendi et du trop méconnu Savinien Cyrano de Bergerac. Dramaturge et poète, ce dernier allait mourir à Sannois, victime d'un accident ou peut-être d'un attentat déguisé en malheureux hasard, tandis que Gassendi, astronome et philosophe de renom, fiévreux, affaibli par les saignées et n'étant déjà plus que l'ombre de lui-même, avait dû renoncer à sa chaire de mathématiques au Collège de France.

Cyrano peina à le reconnaître, avant de faire de son mieux pour égayer son vieux professeur qui n'avait accepté l'invitation du marquis que pour se changer les idées et fuir ses médecins. Après un excellent dîner, on passa au salon et la conversation roula, évidemment, sur Louis XIV qu'on venait de sacrer à Reims. Ayant eu l'honneur, en sa qualité de Grand Louvetier, d'assister à l'événement, le marquis décrivit de son mieux à ses invités la couronne et le manteau fleurdelisé que portait le jeune roi, ainsi que la fiole contenant le saint-chrême qu'une colombe était censée avoir remis à Clovis, de la part de Dieu le Père en personne ! Et c'est alors que Cyrano s'emporta, en sa qualité de libertin matérialiste et sceptique qui ne s'en laissait jamais conter en matière d'obscurantisme. Ce rêveur invétéré avait pourtant rapporté de ses nombreuses « absences » une tout aussi invraisemblable *Histoire des Etats et Empires de la Lune*, mais lui, au moins, avait eu l'honnêteté de qualifier de « comique » son voyage dans l'espace ! Aussi libre de pensée que de mœurs, Cyrano avait fait représenter, un an auparavant, *Le Pédant joué*, ce qui lui donna l'idée saugrenue de trousser une petite improvisation, à partir de cette comédie, en utilisant les personnes présentes. Et comme la pièce raconte l'histoire d'un vieillard qui empêche deux jeunes couples de vivre leur amour, les rôles furent vite distribués : Gassendi accepta de camper le « pédant », Louis et Ninon jouèrent, sans forcer leur talent, leurs rôles respectifs et Françoise fut très bien dans le rôle de la maîtresse de Cyrano. On rit beaucoup, même le malade, puis la conversation roula sur les potins du royaume. Depuis la fin de la Fronde des princes, en 1652, et la condamnation, l'année suivante, des cinq « propositions jansénistes » jugées hérétiques par le pape, on manquait un peu de cancans. Il y avait bien les malheurs du cardinal de Retz qu'on avait éloigné de son archevêché parisien, et à qui on prêtait l'intention de s'évader de sa prison dorée de Nantes, mais cela n'allait pas chercher loin. Pour s'en débarrasser, Mazarin lui avait offert les bénéfices de plusieurs couvents, dont ceux de l'abbaye Saint-Martin de Pontoise, mais il avait refusé cette retraite dorée. A son sujet, Ninon venait de recevoir des nouvelles fraîches, grâce auxquelles elle fit un triomphe :

- Monsieur de Brissac m'a confié qu'on aurait aménagé, pour le proscrit, un coffre percé mais capitonné, dans lequel il compte s'embarquer, à Brest, pour on ne sait où. Ce n'est pas pour qu'il respire qu'on a troué son caisson, c'est pour qu'il se soulage, tant il a peur de finir ses jours en prison ! Il a animé les deux Frondes et a échoué à chaque fois. Cet homme a toujours vu trop grand et le voici bientôt à fond de cale, dans un coffre de comédie ! Il a beau faire des pieds et des mains pour conserver son archevêché, son compte est bon, tant le roi le déteste. Condé sera gracié, mais pas ce Retz : c'est un coupable parfait pour notre jeune roi qui ne veut surtout pas se brouiller avec les princes révoltés. Le cardinal est assez haut placé pour servir d'exemple, mais pas assez titré pour que son sort émeuve les puissants ! A peine sorti de son coffre, il finira, au mieux, dans un cul-de-basse-fosse !

Ayant produit son petit effet, Ninon n'eut plus qu'à s'effacer, et Gassendi en profita pour tenir la tablée sous la griffe pacifique de son immense culture. A son tableau de chasse de traqueur d'étoiles, cet ami de Cassini et de Kapler avait récemment ajouté une comète et les fameuses taches solaires que Galilée avait décrites avant lui. Il transporta son auditoire vers des mondes que Cyrano préférait désormais explorer par l'écriture, même s'il semblait ravi de tirer à nouveau quelques bons plans sur la comète, en compagnie de son vieux maître. Avec la même fougue, ils finirent par s'en prendre à Descartes qui faisait de l'existence de Dieu une réalité incontestable, même si, avant de rejoindre sa chambre, l'astronome conseilla tout de même à son ancien élève de ne pas exclure Dieu de ses méditations :

- Croyez-en un vieil homme en partance vers des cieux moins bavards : la doctrine chrétienne n'est pas incompatible avec notre cher atomisme épicurien; mettez un peu de transcendance dans votre scepticisme, vous ne le regretterez pas !

Le lendemain matin, Cyrano donna le bras à Gassendi pour monter dans un carrosse aux armes du marquis. On échangea des au revoir qui étaient des adieux, mais comme personne ne le savait, on plaisanta une dernière fois et il ne resta plus que le souvenir d'une soirée réussie. Encore tout étourdi par ces assauts d'intelligence et convaincu d'avoir comblé sa maîtresse, l'incorrigible louvetier s'en alla, sans plus attendre, diriger une battue aux sangliers, abandonnant du même coup, et visiblement sans la moindre vergogne, sa maîtresse et son invitée qui ne furent pas mécontentes, au fond, de se retrouver entre filles pour une promenade matinale qui commença par l'ascension du vertugadin, bordé de statues italiennes, qui conduit encore les visiteurs du pavillon de Ninon jusqu'au château d'En-haut. Comme elles passaient devant la très allégorique statue du *Temps qui découvre la vérité*, Ninon prit un air mystérieux et demanda à son amie de regarder attentivement la statue florentine.

- Vois-tu, Françoise, cette statue vient d'Ambleville, un château Renaissance qu'une lieue, tout au plus, sépare de Villarceaux.

- Ah oui ? Et comment est-elle arrivée jusqu'ici ? Etes-vous allés la voler, Louis et toi ?

- Non pas, ma mignonne, l'histoire est bien plus belle. Tu connais Cassandre, n'est-ce pas ?

- Cassandre Salviati ? La Cassandre de Ronsard ? Mais je ne connais qu'elle ! J'ai lu et relu *Les Amours*, comme toutes les jeunes filles de mon âge. Attends qu'il m'en souvienne… Trois vers au moins me reviennent :

« Comme un beau lis du mois de juin, blessé
D'un rai trop chaud, languit à chef baissé,
Je me consume, au plus vert de mon âge. »

- Bravo, Françoise ! J'espère seulement que ce n'est pas de et pour mon louvetier que tu te languis et te consumes !
- Rassure-toi, les séances de pose m'ont davantage épuisée qu'émoustillée. Et puis il est à toi : l'idée de le séduire ne m'a même pas effleurée !
- Dans mon esprit, cela allait sans dire, pourtant cela va encore mieux une fois dit ! Mais revenons à Cassandre. Ancien ambassadeur de France dans la Toscane des Médicis et propriétaire du château d'Ambleville, Nicolas de Villeroy avait si bien transformé son domaine en jardin florentin que, tout fier du résultat, il avait invité Salviati, son ex-banquier, ainsi que sa charmante fille. Apprenant que ladite donzelle séjournait à Ambleville, Ronsard vint alors secrètement la rejoindre. Peut-être se cacha-t-il, lui aussi, dans un bahut percé ? A vrai dire, on en sait si peu sur cette visite de Ronsard au château, qu'on en est réduit à supposer qu'il y a écrit un de ses *Sonnets à Cassandre*, mais on ignore lequel.
- Et si cette rencontre entre le Prince des Poètes et la fille du banquier était une pure invention ?
- J'ignore en effet si cette légende est la vraie, mais j'ai de bonnes raisons de croire à cette histoire, justement à cause de la statue dont tu viens de faire le tour avec circonspection. Observe-la encore plus attentivement, et tu verras qu'elle diffère des autres : on sait juste qu'elle a voyagé en tombereau d'un jardin de Toscane jusqu'au château d'Ambleville, avant de finir par orner

cet amphithéâtre de verdure, avec une dizaine d'autres sculptures italiennes, par le jeu des alliances et des héritages.

- J'ignore quelle vérité le Temps découvre ici, mais s'il s'agit seulement du fait que nous devons tous mourir un jour, il n'avait pas besoin de transporter ses jolies fesses de marbre jusqu'ici pour nous en informer, car nous le savions déjà ; et puisque nos vies sont, par nature, tragiques, profitons pleinement des heures chiches qui nous sont imparties !

- Nous sommes bien d'accord, ma chère Françoise, et je commence à croire que c'est l'allégorie qui importe dans cette histoire, et non la statue elle-même. C'est un vieux jardinier qui m'a mise sur la voie, en me confiant que sa famille travaille au château depuis plus d'un siècle et qu'on s'y transmet une légende selon laquelle Cassandre aurait caché un message destiné à Ronsard dans une statue, et que, du fait du départ précipité des Salviati, le poète n'en aurait même pas été informé. La sculpture en question serait celle-ci, car on sait que le banquier, très hostile au poète qu'il trouvait trop pauvre pour sa fille, ayant entendu parler d'un « message caché dans une statue », l'aurait vainement fait chercher par ses valets, avant de faire savoir à son hôte que son château et ses jardins étaient vraiment magnifiques, à l'exception de la statue que tu as maintenant sous les yeux. Convaincu d'avoir affaire à un jugement esthétique autorisé, l'ambassadeur aurait alors mis au rebut cette statue qu'on n'aurait plus jamais exposée jusqu'à son mystérieux transfert d'un château à l'autre. J'ai cherché sans succès à résoudre l'énigme et je suis maintenant persuadée que le message n'était pas caché dans ou au pied de la statue, mais que la statue elle-même est le message. Ce *Temps qui découvre la vérité*, ce ne peut être que Ronsard, invité à comprendre que Cassandre ne l'aimait pas. Ils ne se sont d'ailleurs jamais revus, mais le poète a idéalisé la jeune fille qui l'avait pourtant éconduit.

- Et c'est peut-être mieux ainsi : les poètes sont de piètres amants qui ne voient, en leurs compagnes, que de jolis sujets. Je crois que je me lasserais vite du statut d'œuvre d'art : la chair, elle aussi, a des droits légitimes, et je n'ai pas l'âme d'une égérie. Mais dis-moi, l'autre jour, je t'ai vu lire *Le Songe de Poliphile* et tu m'as dit que c'était un livre initiatique : à quoi initie-t-il, au juste ?

- D'une manière allégorique, l'ouvrage donne à Poliphile le choix entre plusieurs jardins, entre différentes vies. Je crois surtout qu'il apprend à ses lecteurs…

- Aucun homme à l'horizon ! Le féminin peut l'emporter ! Ne te gêne pas, Ninon !

- A… à nous autres, lectrices, ce livre apprend que la vie propose, mais que chacune dispose. Le plus difficile, pour nous autres, ce sera donc de garder les yeux suffisamment ouverts pour repérer, puis ouvrir, le jour venu, la porte du jardin dont les allées nous conduiront au bonheur. Tu sais, Françoise, les vraies malheureuses, ce sont les femmes dont la pauvreté d'âme ou la sécheresse de cœur sont telles qu'elles ne verront même pas quand la vie leur fera signe.

- J'espère, quant à moi, ne manquer aucun jardin ! Merci, Ninon : grâce à toi, je saurai ouvrir l'œil et rester vigilante. J'explorerai tous ceux dont la vie voudra bien m'ouvrir les portes, et bien malin qui pourrait dire si ce ne sera pas un roi qui se promènera un jour dans un de ces jardins ! Ma quête du « jardin fait pour moi » commence d'ailleurs plutôt bien car, dans ce parc initiatique, la statue qui jouxte le très ronsardien temps en quête de vérité, c'est *L'espérance qui nourrit l'amour* ! Rien que du beau monde, décidément ! De tout cœur, je te remercie, Ninon, pour cette leçon de vie !